Von Land und Leuten der Alb
Geschautes und Erlebtes

Angelika Bischoff-Luithlen

Von Land und Leuten der Alb

Geschautes und Erlebtes

Gemälde und Zeichnungen von Eugen Bischoff

Schwäbisches Kulturarchiv des Schwäbischen Albvereins

Bild auf dem Einband:
Ausschnitt aus dem Aquarell „Kartoffelernte" (um 1938, 26 x 43 cm, nicht signiert) von Eugen Bischoff (1902-1944).

Gemälde, Aquarelle und Zeichnungen von Eugen Bischoff und Bernhard Bischoff

Elfriede und Ulrich Bischoff, auch Ursula Bischoff haben den Text der 2. Auflage 2002 durchgesehen und, wo es angebracht erschien, leicht gekürzt.

Impressum

Herausgeber:
Schwäbisches Kulturarchiv des Schwäbischen Albvereins
im Haus der Volkskunst
Ebinger Strasse 56
72336 Balingen

Fax: 0 74 33 / 38 12 09
Tel.: 0 74 33 / 43 53
e-mail: schka@t-online.de
www.schwaben-kultur.de

Erscheinungsjahr 2001

© Schwäbisches Kulturarchiv

ISBN-Nr. 3-920801-50-4
Verlag des Schwäbischen Albvereins e.V.

2. gekürzte Auflage

Druck:
Süddeutsche Verlagsgesellschaft Ulm

Grafische Gestaltung / Satz:
Hans Georg Zimmermann

Idee / Konzept:
Manfred Stingel

Inhaltsverzeichnis

Vorwort	7
Überblick	8
Die Alblandschaft	9
Bauernland	14
Prägungen	19
Mensch und Gemeinschaft	25
Das Dorf	28
Hausrat	34
Tracht	37
Vom Hochzeitmachen und Heimsingen	44
Vom Essen und vom Trinken	48
Arme und Reiche	53
Sauberkeit und Ordnung	56
Sprechweise und Namensgebung	59
Glaube und Aberglaube	62
Humor	66
Ein paar Sprüche	67
Anekdoten	70
Von der Liebe	72
Ein Kinderspiel	74
Das große Heimweh	75
Nachrede	78
Abbildungsverzeichnis	79

Vorwort

Eine wunderschöne und einfühlsame Liebeserklärung an die Schwäbische Alb und ihre Bewohner hat Angelika Bischoff-Luithlen vor fünfzig Jahren geschrieben. Der Schwäbische Albverein hat 1958 in einer kleinen Auflage diese Arbeit als Buch „Von Land und Leuten der Alb" herausgebracht.

Dieses Büchlein habe ich von Zeit zu Zeit immer wieder gelesen. Ich stamme mütterlicher und väterlicherseits aus Bauernfamilien. Die damalige bäuerliche Welt, die Angelika Bischoff-Luithlen beschreibt, habe ich als Kind so erlebt. Mein Vater ist 1944, 2 Monate vor meiner Geburt, in Rußland vermißt worden, und deshalb waren die beiden Großväter wichtige Bezugspersonen.

Vielleicht hat mich das Büchlein deshalb so angesprochen, weil ich in dieser archaischen bäuerlichen Welt die glücklichsten Tage meiner Kindheit erlebt habe.

Es hot mich „omtriba", diese Arbeit, die ich für einen schönen, liebenswerten Situationsbericht und wichtigen Beitrag zur Hebung des Schwäbischen Selbstbewußtseins halte, einem größeren Leserkreis bekannt zu machen.

Angelika Bischoff-Luithlen lebte selbst auf der Alb und hat in zahlreichen Aufsätzen von ihr berichtet und in Tageszeitungen veröffentlicht, woraus nicht zuletzt ihre beiden Bücher „Der Schwabe und die Obrigkeit" und „Der Schwabe und sein Häs" entstanden sind und von ihren schriftstellerischen Fähigkeiten kund tun. Oftmals war es, als hielte sie dabei Zwiesprache mit Eugen Bischoff, ihrem im Krieg gebliebenen Ehemann, der ihr einst mit seinem Malerauge die Schönheit der Alb öffnete und ihre Bewohner kennzeichnete.

Über dreihundert Gemälde sind entstanden, die alle mehr oder weniger diesen Landstrich zum Gegenstand haben. Eine kleine Auswahl daraus schmückt dieses Buch und erinnert zugleich an den hundertsten Geburtstag des begabten Malers und Albliebhabers.

Zum 50. Geburtstag des Landes Baden-Württemberg, den wir ja in diesem Jahr feiern können, bietet sich nun eine sehr passende Gelegenheit, diese frühe, leider wenig bekannte Arbeit, die in den „Gründerjahren" vor 50 Jahren entstanden ist, sozusagen als „Geburtstagsgeschenk" und zur Erinnerung an damals herauszubringen.

Der Erbengemeinschaft von Angelika und Eugen Bischoff sind wir dabei zu großem Dank verpflichtet. Ihre Angehörigen haben den Text durchgesehen, ein wenig gestrafft, digitalisiert, die Bildauswahl getroffen und bereitgestellt, was die Herausgabe der vorliegenden Neuauflage wesentlich erleichtert hat.

Herzlich danken wir dem Kultusministerium Baden-Württemberg sowie den Oberschwäbischen Elektrizitätswerken / Herrn Landrat Fischer (Zollernalbkreis), Dr. Eva Walter und Thomas Pfündel und natürlich dem Schwäbischen Albverein mit seinem Präsidenten, Dr. Ulrich Rauchfuß.

Dezember 2001

Manfred Stingel

Überblick

Dass die Schwäbische Alb ein Pultgebirge ist, das Württemberg in ein Ober- und Unterland teilt, gegen den Neckar steil abfällt und gegen die Donau langsam abflacht, steht in vielen süddeutschen Lesebüchern geschrieben. Vom Erosions- und Kalkgebirge lesen wir da, der Ausdruck Verkarstung ist beliebt, und die Wasserlosigkeit ist eines der berühmtesten Kapitel der Alb. Zum Auswendiglernen eignen sich Berge und Höhlen. Man kann sie säuberlich der Höhe und Größe nach auf eine Schnur reihen, und die schwäbischen Schulkinder, soweit sie fleißig sind, haben ihr Gedankenapparätchen damit aufgezogen und können es schnurren lassen, wenn der Lehrer auf den Knopf drückt.

Aus alten Büchern und Zeitschriften, die ihren Ursprung jenseits der Mainlinie haben, kann man noch interessantere Dinge erfahren. Sie sprechen von einer „sibirischen Steppe" innerhalb Schwabens, von „weißen Flecken auf der Landkarte", unfruchtbaren, völlig öden Heidestrecken, in denen kaum ein Schaf seine kärgliche Nahrung finde und die wenigen menschlichen Bewohner auf primitivstem Kulturstand leben. „Nur ein schmaler Fußpfad führt von der Stadt Geislingen her in diese Wildnis" – so ähnlich schrieb einmal eine Hamburger Zeitschrift. Auch die umstrittene Bezeichnung „Raue Alb" scheint der nördliche Deutsche für halb Württemberg anzuwenden und sich eines kalten Schauers dabei nicht enthalten zu können.

Aber es gibt auch ganz gewöhnliche Stuttgarter, die die Alb nicht kennen und sich erstaunliche Vorstellungen von ihr machen, und auch viele Leute aus dem schönen Barockland Oberschwaben erinnern sich der Alb nur als eines Landstriches, in welchem das keltische Schlafen auf Bärenfellen eben erst überwunden wurde.

Der Alb tun diese Verleumdungen nicht weh. Sie hat auch keine Verteidigung notwendig, denn sie hat, wenigstens bislang, auf breite Besucherströme verzichtet. Sie ist ein stilles, verschwiegenes und in sich gekehrtes Land.
Sie bietet ihre Schönheiten nicht so offen dar wie das Allgäu oder der Bodensee, sie wartet geduldig und langmütig auf diejenigen, die trotzdem zu ihr kommen.

Einigen ihrer Besonderheiten wollen wir hier gedenken, einiges herausgreifen, einen Blick in die Landschaft tun und ganz besonders mit ihren Menschen ein wenig zusammen sein. Wir tun es ohne allen Anspruch auf Vollständigkeit, ein paar Ausschnitte sollen genügen, aufgesetzte Helligkeiten für das ganze Bild stehen.

Die Alblandschaft

Vorherrschend in dieser Landschaft ist das Urtümliche, die auf Schritt und Tritt herzklopfend ins Bewusstsein fallende Gewissheit eines vor Jahrtausenden gewesenen Geschehens. Hier scheint die Erde fast noch so zu sein, wie sie einst geformt wurde, denn die Hand des Menschen hat wenig verändern können, zumindest gliedert sich das Wenige organisch ein. Bis jetzt hat sich die moderne Flurbereinigung auf der Hochalb auch kaum durchsetzen können. Die schmalen Äcker haben hügelauf und –ab noch den Schwung, den ihnen die Höhenlinie gibt und die spürende Hand des pflügenden Bauern. Einzelne Strecken liegen auch unbebaut da, sie lohnen sich nicht zur Bebauung, werden sich selbst überlassen und von Schafen abgeweidet. Sie sind wohl das Köstlichste, was die Alb zu vergeben hat! Keiner, der dort schon gerastet hat, vergisst den würzigwarmen Duft aus Tausenden von Quendelpflänzchen und anderen Blümchen und Blütchen, die dort hartblättrig und schlank, aber tief leuchtend in ihren Kissensiedlungen zusammenstehen. Man meint, beim tiefen Atmen dieses Duftes allein schon gesund und von allen menschlichen Schlacken rein zu sein. Kleine, mandelförmige Wacholderbäumchen siedeln sich dort an, die herrliche Gabelweihe badet zu den Häuptern in den fast immer ein wenig bewegten Luftströmen und stößt hin und wieder ihren schrillen Raubschrei aus, einzelstehende Weidbuchen haben ihre Wurzeln fest in der dünnen Erdschicht über dem hellweißen Gestein verankert und breiten ihre mächtigen Äste schattenspendend und ferne rauschend über dem Wanderer aus. Alle Gedanken an Beruf und Arbeit fallen von ihm ab, er ist nur noch ein Mensch, der ruht und atmet und über dem die weißen Wolken stolz und herrlich dahinfahren.

Aber auch stille Wiesen säumen zwischen den Wäldern die schmalen Pfade und erinnern an die Zeit, wo sie „Holzmähder" waren, einmähdige Wiesen, die mit einzelnen Bäumen bestanden waren, um den Ertrag zu vermehren. Übrigens sagt der Älbler nicht Wiese, sondern Mahd. Wo als Flurname „Wiese" in der Karte steht, hieß das ursprünglich oft Wasen und wurde von einem klugen Geometer umgedeutet. Viele Rehe gibt es dort. Sie kommen oft sehr nahe, und man kann sie lange beobachten, wenn man sich ruhig verhält. Häufig führt ein breiter, sehr breiter Weg in den Wald hinein oder dem Dorf zu. Es ist ein früherer Weideweg. Die Stallfütterung wurde auf der Alb gegen Ende des 19. Jahrhunderts eingeführt. Damals muss sich vieles in der Landschaft geändert haben. Vorher war Weidewirtschaft, die Flurnamen erinnern daran, auch die Wälder waren Weideplätze, und die Gemeinden hatten mehrere Hirten in ihren Dienst gestellt. Die hellen, großräumigen Buchenwälder, die so bezeichnend für die Landschaft sind, beherbergen ja manches Gräslein, das sich für Futterzwecke verwenden ließ in einer Zeit, wo man damit noch sorgsam umgehen musste. Eine alte Gemeindeordnung verbietet das „Kräutern" in den Wäldern.

Später folgt der Wanderer einem Trockental. Es gibt ja kleine und große, stille und berühmte Trockentäler auf der Alb, und es ist jedes Mal fast ein märchenhaftes Erlebnis, einem von ihnen nachzugehen. Plötzlich senkt sich das inmitten einer ebenen Fläche, einige kleine Geländefalten strömen zu einem Tälchen zusammen, das um eine kleine Wendung herum vielleicht schon durchlöcherte Felsgebilde und Riffe zeigt, die ein grünbewachsenes, aber schon deutlich geformtes Flussbett säumen. Später wogen auf der Talsohle vielleicht goldene Ähren von Weizen und Dinkelfeldern – ein wundersamer Kornstrom zwischen Ufern, die keine Welle wirklichen Wassers mehr blitzen sehen und doch von ihm gebildet wurden.

Oft gibt es auch Höhlen in ihrem Bereich, und es öffnet sich feuchtdunkel und tief geheimnisvoll das innere Gesicht der Alb, so zerklüftet, verworren, zerrissen und vielfältig, dass es kaum zu fassen ist. Zu einigen wenigen hat der Mensch den Eingang gefunden. Tausende ruhen wohl noch still irgendwo eingeschlossen im Gestein.
Manchmal geschieht es, dass die Erdoberfläche nachgibt und zu einem Erdfall sinkt, oft klingt es hohl unter dem wandernden Schuh. Und drunten glitzern die Tropfsteine und der Schoß der Erde schweigt. Wie viele Höhlensagen gibt es auf der Alb! Wie sehr hat diese Tiefenwelt die Gemüter beschäftigt, sie mit guten und bösen Geistern bevölkert, verlorene Schätze und gar den Teufel selbst in sie hineingedichtet!

Wenn der Wanderer müde ist, wenn er einen ganzen silbernen Sommertag lang in den schwingenden Weiten der Alb auf und nieder gegangen ist, dann nimmt ihn das schmale kalkweiße Sträßlein auf, das wie ein Schlänglein sich zum Dorf hin windet, erst von knorrigen, verworren verzweigten Vogelbeerbäumen, und dann weiter zu den blankgewürfelten Häuserhäufchen hin, mit Apfelbäumen umstellt, deren Früchten man mit Recht keine paradiesische Süße zutraut. Hinter dem Dorf ragt eine kleine Anhöhe auf, sie trägt meistens das Wahrzeichen des Hochflächendorfes, das „Wasserhäusle", das von der älteren Generation vornehm „Reservoir" genannt wird und das Sammelbecken der Albwasserversorgung darstellt, von dem aus die Bauernhäuser eines Dorfes mit dem Lebensquell versorgt werden. Oft noch stehen Linden am Dorfeingang, vielleicht heißen sie „Bettellinde" oder „usser Linde", vielleicht ist das erste Gehöft der „Lindenbauer". Es heißt, man habe diese Linden einst zur Sicht gepflanzt, damit in den schweren und schneereichen Wintern und bei Schneestürmen der Dorfeingang von weitem schon markiert gewesen sei. Wer einmal winters im irrenden Schlittengefährt bei Sturm unterwegs war und kaum die Schwän-

ze der Gäule mehr hat sehen können, der weiß, dass das notwendig ist und dass es ein tiefes Glück bedeuten kann, so eine Linde zu erblicken und zu wissen: Nun kommt ein Dorf, Menschen und eine Einkehr. Aber auch im Sommer ist Einkehr gut, und es wölbt sich schnell ein sternklarer kühler Nachthimmel über dem Tagwanderer, der gern dem Lichterschein folgt und zu der kleinen warmen Menschenwelt zurückkehrt, die nach Tagen zählt und nicht nach Jahrtausenden. Und die Marie oder die Anna vom Gasthaus „Löwen", „Adler", „Ochsen", „Lamm" oder „Grünen Baum" ist freundlich, bringt ein Vesper und hat vielleicht einen leinenduftenden Bettenberg bereit, von dem aus der Blick zum geranienbestandenen „Kreuzstock" hinaus ins Dämmergewirr des Krautgärtchens geht.

Bauernland

Eine Heugabel in die Hand, ein paar kurze Worte der Anweisung und schon ist man eingetreten in das Arbeitsgeschehen. Jede Minute ist bemessen, jeder weiß, was er tun muss, von jedem wird viel gefordert, keiner darf weder zurückbleiben noch sich hervortun, um das ganze nicht zu gefährden. Nebenher, bei stundenlanger sich wiederholender Bewegungen das Mahd auf und wieder ab, in Sonne und Wind kann er denken, was innerhalb der Strenge des Tuns möglich ist. Viele der bäuerlichen Arbeitsformen hängen mit dem Klima auf der Alb zusammen, das mit tiefer Sorgfalt und Vorsicht einbezogen wird. „Bei uns ist's halt so, wir können nicht schaffen wie die im Unterland." Zur alten Feldarbeit mit der Hand gehören die überlieferten Worte. Schochen und Schöchla, Reihen und Reihla, worben, wegsammeln, antragen, aufbocken, Bänder schlagen, Blagen, G'leg und Gocka – wie bald werden auch sie von der Maschine verschluckt sein, weil man mit ihr anders arbeitet und die Arbeitsweisen, zu denen jene Wörter gehören, wegfallen. Auch der Arbeitsrhythmus ändert sich. Hat jemand schon einmal drei Frauen an einem Hang auf die alte Art „reihlen" sehen, Reihen aus Heu von einer dichtbelegten Wiese bilden, damit die Sonne hineinscheinen kann? Sie arbeiten treppenartig untereinander, jede an einer anderen Reihe, eine immer zwei Schritte von der anderen weg, alle im selben Rhythmus und gleich schnell. Es ist eine Lust mitzutun, und eine Freude zuzusehen. Die Arbeitsweise ist so natürlich wie kunstvoll, der Mensch ist wie zu einem Stück Natur geworden der Spinne ähnlich, die ihr Netz zieht oder dem Borkenkäfer, der die Baumrinden mit Ornamenten inwendig schmückt.

Das alles soll nicht darüber hinwegtäuschen, daß vom Älbler harter Fleiß gefordert ist. Die Ernte, die im Herbst Scheunen und Keller füllt, ist mit äußerster Kraft erarbeitet. „Von selber" wächst auf der Alb nichts. Da heißt es Steine klauben und äckern, Mist und Gülle fahren und schaffen, schaffen und dreimal schaffen. Manches Weiblein hat im Lauf der Zeit all seine Gesundheit auf die gierigen Äcker hinausgetragen, nebenher Kinder geboren und ist als alte bucklige Ahne im Stüble sitzen geblieben, wenn sie nicht mehr laufen konnte, bis der Tod sie geholt hat. Die Männer brachen im Heuet nach Mitternacht zum Mähen auf und schnitten, mit der Laterne am Gurt, bis es dämmerte.

Ein biblischer Bedacht lag trotz aller Schwere auf ihrem Tun, etwas von dem, wie es heißt, dass es „köstlich" gewesen sei. Die Ernte wurde mit einer Betstunde in der Kirche begonnen, zu der früher alle Schnitter mit bekränzten Sicheln gingen. Gehalten wird sie auch heute noch.

Von den Hochälblern wanderten früher viele Männer und Frauen ins Ulmer Land als Erntehelfer. „Weberla" nannte man sie dort, wo die Böden ertragreicher und die Ernten besser waren und wo man zeitiger dran war wegen der geschützteren Lage. Manches „Weberle" konnte auch daheim sein „Sächle" noch „heimtun", wenn man auf der Ulmer Alb schon Sichelhenke gehabt hatte. Auf der Hochalb spricht man vielfach von „Grundäckern" und „Ufäckern". Die ersteren sind gute Äcker, sie hört man „schmalzen" und die anderen sind trocken, rau und steinig.

Bezeichnend für den Älbler Ackerbau ist die alte Dreifelderwirtschaft, die noch streng eingehalten wird. Es gibt Winter-, Sommer- und Brachesch, also der gesamte Markungsgrund ist in drei Teile geteilt, in der jeder Bauer verstreut seine Grundstücke hat, in jedem Esch etwa gleich viel. Mit dem Getreideanbau wird regelmäßig gewechselt, einmal Winter-, dann Sommerfrucht, dann Brachland, wo heute Rüben und Kartoffeln sind.
Es wird zusammen gewechselt, alle Bauern bauen im selben Jahr die Winterfrucht in einem Teil, der „Ösch" oder „Esch" genannt wird. Es ist ein vielgebrauchtes Wort, „i gang en Esch naus" oder „sie springt den ganzen Esch aus" heißt es da.

Die Dreifelderwirtschaft, vermutlich alemannischen Ursprungs, hat sich in guten und schlechten Zeiten, in den vielen Kriegen und bei Feindüberfällen bewährt. Alle Dorfbewohner arbeiteten in einem „Esch", verrichteten denselben Vorgang, und konnten einander helfen, wenn es Not tat.
Es gab auch einen „Eschzwang" und der Büttel schellte vor der Reife „Oeschverbott" aus. Als Brotfrucht wurde bis in unsere Zeit herein Dinkel angebaut, der auch „Korn" genannt wurde. Erst seit dem Auftauchen von Kunstdünger wird er durch den ertragreicheren Weizen verdrängt. Der Sommeresch enthält Gerste und Hafer, „Haber", der früher viel an die Truppenübungsplätze, Remontedepots und Gestüte verkauft wurde, die es auf der Alb gibt. „Haber" war gut, er „gab das Geld". Das Wort hat auch eine Mehrzahl, man kann „Häber" sagen oder „en de Häber".

Was den Gemeinden aber die Kassen füllt, das ist der Wald. Eine Albgemeinde, die keinen Wald hat, ist arm dran. Im November schickt der „Schultes" die „Holzmacher" aus, die den ganzen Winter über Holz für den Ofen und für die Sägereien schlagen. Sie stecken „Reissschläge" ab, die dann im Februar verkauft und versteigert werden. Das Gekreisch der Sägen im Dorf ist das erste Frühlingszeichen auf der Alb, danach wird das Holz aufgearbeitet und aufgeschichtet. Es trocknet vor den Häusern bis in den Sommer hinein, dann „tut man es hinein". Der Holzvorrat, der im März die Bauernhäuser wie Burgmauern verbarrikadiert, ist also schon für den kommenden Winter bestimmt. Ein Städter schrieb einmal, es sei tröstlich, dass die Albbauern im März noch so viel Holz hätten – das ist ein Irrtum, sie haben es schon. Sie hätten ja auch das Jahr über keine Zeit mehr für das Holz.

So was begreift der Albbauer schwer, dass der kluge Städter „einfachste" Dinge nicht weiß, die er selbst schon in der Wiege mitbekommen hat. Im März ist auch die Zeit für den „Reissschlag", wo alle die ein solches Flächenlos gekauft haben, mit Kind und Kegel hinauswandern, die Äste der gefällten Bäume vom Stamm trennen (aus´nasch-ta) und dann Holz und Reisig gesondert aufbereiten. Das Reisig bündeln ist Sache der Frauen. Sie machen das halbe Frühjahr hindurch bei gutem Wetter im Wald „Büschela", kleine zum Anheizen des Stubenofens und große fürs Backhaus. Die Frauen gehen dabei gern zu mehreren, denn man kann neben der Arbeit her herrlich schwätzen. Man kann das Reisig auch ungebunden auf den Hof fahren und dann dort bündeln.

Schlägt man in alten Gemeinderatsprotokollen nach, so findet man seitenlange Einträge von Strafen wegen „verbottenen Greiterns". Das Kräutern, Ausreißen von Unkraut auf dem Feld, spielte früher eine größere Rolle als heute. Wenn das Korn halbhoch steht, im Mai oder Anfang Juni, dann sieht man die „Kräuterweiber" hinaus fahren mit Handwägelchen, Kopftüchern und einem Rupfenschurz, mit dem sie dann auf dem Heimweg das Unkraut, das sie ausgerissen haben, „einbinden". Er wird oben drauf gepackt als lustig wackelnde Kugel. Für die tiefwurzelnden Disteln nehmen sie oft einen „Distelstecher" mit. Es ist keine leichte Arbeit, stundenlang gebückt in der Sonne arbeiten zu müssen, auch handfesten Frauen wird leicht übel dabei.

Die Männer wollen vom Kräutern nicht viel wissen, ebenso wenig wie vom Melken. Das sind „Weiberarbeta". Früher waren arme Familien auf das gesammelte Unkraut angewiesen, denn nach einem langen Winter gingen oft die Heuvorräte für Kühe und Geißen zu Ende, ehe man frisches Futter holen konnte. Und so mussten die Frauen zwischendurch „rumkräutern". Da schleppte der „Feldschütz" dann die Sünderinnen, die sich einen Übergriff zu Schulden kommen ließen, aufs Rathaus. Die Frauen oder „Mädle" wurden unbarmherzig zu einem Gulden Strafe verurteilt, obwohl sie oft angaben, dass sie „etliche Kinder zu Hauße und kein Stücklein Brods mehr" hätten. Wo sie den Gulden hernahmen, steht nicht in den Büchern zu lesen. Solche armen Leute waren schon froh, wenn sie „ums Kraut" einen Acker auskräutern durften. Man sieht, wie sehr sich die wirtschaftliche Lage auf der Alb durch den Kunstdünger gehoben hat. Geißenbauern gibt es heute keine mehr.

In den Weberdörfern, in denen ehemals die Handweber in der „Dunk" den Winter über ihre Leinwand „wirkten", spielte auch der Flachsanbau eine bedeutende Rolle. Flachs muß auf der Alb in besonderer Qualität geraten sein. Das ist wohl der Grund, weshalb sie stellenweise eine so typische Webergegend geworden ist. Heute, wo die meisten Dunken verschwunden und die letzten Handwebstühle in den Heimatmuseen stehen, sind Weberdörfer oft noch kenntlich an dem kleinen weißen Häuschen auf einer Heide am Südhang unweit des „Fleckens". Es sind die Bleicherhäuser, welche die Gemeinde früher für die Pächter und Aufseher einer Bleiche eingerichtet hatte, und wo sie und auch die Leinwand Schutz fanden, wenn sie die „Bleich" hüteten.
Heute stehen die kleinen Häuschen leer und unbenutzt und dienen höchstens Liebespaaren als Unterschlupf.
Äußerst typisch für die Alb ist natürlich immer noch der Schäfer und seine Herde. Regelmäßig verpachtet die Gemeinde ihre Schafweiden, und regelmäßig bestellten die Bauern den Pferch, erst

in letzten Jahren kommen sie davon ab. Spricht man mit dem Schäfer, der noch immer im großen Mantel und oft mit silbernen Ohrringchen geschmückt am abendlichen Horizont steht, dann klagt er vielleicht, dass sich die Schäferei nicht mehr rentiere. Es gibt Schafhalter, die zugleich Bauern sind, das scheint eine glücklichere Verbindung zu sein.

Hoffentlich darf man sie noch lange sehen, die Wanderschäfer mit ihren „Haufen" und den Hunden, die sie mit schrillen Pfiffen und unverständlichen Naturlauten umherjagen! Was wäre die Alb ohne ihre Schafherden, ohne das dumpfe Hoppeln der Hufe auf den hohlen Böden der Heiden, ohne die wolligen, grasenden Tiere und den vielstimmigen, vom Bass bis zum Diskant wohltönend ineinanderklingenden Mäh-Gesang?

Prägungen

Wenn man die Älbler irgendwo dicht gedrängt beisammen sitzen sieht, in Kirche oder Saal, Männer und Frauen, Kopf an Kopf, Kopftuchzipfel an Kopftuchzipfel vielleicht, das Monogramm in einem Blumenkränzlein über den Nacken gelegt, soweit es ältere Frauen sind, ja, dann ist man versucht, einem solchen Antlitz einmal die Hände um die Wangen zu legen und die Frage hinein zu stellen: Was hat dich geformt, seltsames Gesicht? Aus welchen Kräften und Verhältnissen bist du entstanden? Woher weiß man, dass du von der Alb bist und nicht vom Unterland oder aus Franken oder vom Bodensee?

Nur vorsichtig wird man sich an solche vielschichtigen und hintergründigen Fragen herantasten können: Wie sieht denn nun der Älbler aus? Denn es gibt natürlich wie überall, „sotte und sotte", große und kleine, dicke und dünne, blasse und rotbackige, stille und lebhafte Leute. Da stößt man zufällig auf die Abbildung einer holzgeschnitzten „trauernden Maria" aus einer Kreuzigungsgruppe um 1340 und weiß, dieses Gesicht ist älblerisch, so sehen Albmädchen aus, diese Maria könnte von Suppingen oder Sonderbuch oder Hengen oder Ballendorf sein, obwohl unter dem Bild steht, sie sei vom Bodensee. Das stört nicht, denn auf jeden Fall gehört dieses bleiche, ein wenig starre, strenge Angesicht zur Alb. Es kann auch lachen, gewiss, und es soll nicht heißen, der Menschenschlag sei melancholisch, aber mit dem Wort „herb" (das übrigens auch auf der Alb viel gebraucht wird, es gibt auch ein Zeitwort „verherben") liegt ein Charakteristikum vor in dem Sinne, je herber die Landschaft, desto herber die Leute. Die Ulmer Albbauern vom reichen Kornland bis gegen Heidenheim zu sind größer, stattlicher im Wuchs, die Frauen breiter und voller, lebhafter in den Gesichtsfarben als die kleinen, zähen, dünnbeinigen Weberlein vom Dornschlehengäu um Laichingen und Münsingen, deren Frauen, manchmal schmal und asketisch, sich weltabgewandt ihre Figur verhüllend und „herb" dreinschauen wie jenes Mariengesicht.

In vielen Dörfern wird gern und gut gesungen und lange, getragene, wehmütige Lieder werden gegenüber dem heiteren Sang als „schön" empfunden. Der Liedgeschmack der Jahrhundertwende scheint einen innerlich entgegenkommenden Zug im Älbler gefunden zu haben, von ihm, der seine Verkörperung im „schönsten Wiesengrund" gefunden haben mag, kommen sie kaum mehr los. Dieses Lied wird wie ein Choral gesungen und ist wie zu einem festen Inventarstück geworden, das fast jede Feier schmückt, soweit sie nicht kirchlich ist. Die Liedworte „Sterb ich in Talesgrunde…" scheinen eine innere Feder im Herzen des Älblers getroffen zu haben. Außer Bläserkapellen, die ein Dorf, das etwas auf sich hält, haben muss, wird wenig Instrumentalmusik getrieben. Man hält nicht viel davon, es sind „Schnurrpfeifereien", nichts für ernste Leute.

Was hat nun diese Menschen geprägt? Einerseits zweifellos die Landschaft, ihre Strenge, die Härte des Lebenskampfes mit ihr und um sie; ferner die Abgeschlossenheit, die sie bedingt, das Verwehrtsein der Ausdehnung, die oft kaum von Dorf zu Dorf möglich war oder möglich gemacht wurde. Andererseits sind auch geschichtliche Bedingtheiten da. Manche Leute wollen im Älbler einen „Uralemannen" sehen, einen durch die Abgeschiedenheit gut konservierten und in sich gleich gebliebenen Bauerntyp aus der Besiedlungszeit. Aber inzwischen ist trotz aller Abgeschlossenheit manche Menschenwelle auch über die Alb gegangen, Klöster waren einflussreich und haben fremde Dienstleute im Gefolge gehabt, Kriege, vom Dreißigjährigen bis zum 2. Weltkrieg in unserem Jahrhundert, brachten lebhafte Bevölkerungsvermischungen ins Dorf, nicht ganz zu Ungunsten der Einwohnerschaft.

Brauch und Sitte in den Dörfern wurden von der Grundherrschaft vergangener Zeiten geprägt. Einige Klöster, kleinere Herrenhäuser, vor allem aber das Haus Württemberg und die Reichsstadt Ulm haben jede ihren ehemaligen Albdörfern das Gesicht gegeben, das sie teilweise heute noch tragen. Viele Älbler wissen vom andern, auch ohne ihn bei seinem Namen zu kennen, ob er ein Ulmischer oder Altwürttemberger ist. Man sieht das am Gehabe, an der Tracht, am „Gscherr". Kaufleute in Blaubeuren, Laichingen oder Langenau und teilweise auch in Ulm wissen, wen sie vor sich haben und wie er bedient sein will.

Die Bewohner der ulmischen und altwürttembergischen Dörfer, vorwiegend protestantischer Konfession, tragen ihre althergebrachten Trachten noch. Beide Herrschaften unterstützten und förderten vordem das Bauerntum und die Dorfgemeinschaft, Kirche, Schule und öffentliche Einrichtungen von Anbeginn, sie entwickelten ein ausgesprochenes Organisationstalent und schu-

fen eine Luft, in der ein geprägtes Standesbewusstsein entstehen konnte und sich über Jahrhunderte fortsetzte.

Die Klöster dagegen sorgten natürlicherweise für die Entwicklung ihres Ordens, und die kleineren Grundherren verkauften und verhandelten ihre Dörfer und Einzelhöfe hin und her, saugten sie mehr aus, als ihnen gut tat und verabreichten ihnen dadurch eine unruhigere und wechselvollere Entwicklung. Weniger traditionsbewusst gab man dort die Tracht rascher auf und bevorzugte farbenfreudigere Kleidung. Es gibt andere Gegenden, im Schwarzwald etwa, wo die katholischen Dörfer stattlich und bauernbewusst sind und die evangelischen armselig leben müssen, was sich auch im Äußeren zeigt. Eine gewisse Wohlhabenheit und eine kontinuierliche Entwicklung ist oftmals ein guter Nährboden, nicht nur für die bäuerliche Kultur.

Dass der Dreißigjährige Krieg auch auf der Alb ein entsetzlicher Einschnitt war, ist aus einer Eintragung in einer alten Familienbibel aus Gerstetten vom 17.1.1647 ersichtlich:

„Sie sagen, der schreckliche Krieg sei jetzt vorbei. Ist aber noch nirgends ein Fried zu spüren. Überall ist Neid, Hass und schlimmere Ding – der Krieg hat uns so gelehrt. Die Alten sind mit der Gottlosigkeit alt worden – wie sollten sie's noch lassen können vor unserem Ende? Vom Fleck stehen noch ein paar Häuslein. Wir Leut leben wie die Tier, essen Rinden und Gras. Kein Mensch kann sich denken, dass so etwas vor uns geschehen sei. Viele Leut sagen, es sei jetzt gewiss, dass kein Gott sei. Die letzten Tag ziehen fremde Leut zu, sagen aus dem Gebirg. Sprechen eine seltene Sprach. Scheinen mir aber allweg tüchtige Schaffer. Wollen hier bleiben, da sie daheim vertrieben wegen Ketzerei. Der Benckheler, der Heinzmann, ich und einer von den Fremden taten uns heint zusammen, ob wir nicht ein paar zerfallene Häuslein könnten wieder wohnbar machen. Die andern sagen all, es sei ja kein Fried, die Kriegsvölker kämen sicher wieder, sei alles ohne Nutzen. Wir aber glauben, dass Gott uns nicht verlassen hat. Wir müssen jetzt alle beisammen stehen, inwendig und auswendig…".

Diese Worte sind in tiefer Erschöpfung und Rat-

losigkeit geschrieben, das hört man an der müden Monotonie ihres Klanges. Trotzdem hat der Schreiber mit Mut und Gottvertrauen zu einem Neuanfang durchgefunden. Die menschenleeren Dörfer haben Zuzug von überall her erhalten, wie wir lesen, auch aus dem „Gebirge", aus Tirol und dem Vorarlberg, wo damals ebenfalls Glaubenskämpfe herrschten. So kommt es, dass manche Älbler Lieder und lustige Anbinder sich mit „dem" Tirol beschäftigen:

„Ade, mein Schatz, leb wohl,
jetzt geht´s halt wieder ins Tirol…"

oder

„Steig nauf aufs Birabäumle,
schau nei ens Tirol,
mei Schatz isch so traureg
und mir isch´s so wohl!"

In neuerer Zeit unterlagen die evangelischen Dörfer noch einem sehr bedeutsamen Einfluss, dem Pietismus. Wie viele religiöse Bewegungen hatte auch er eine Zeit des Entflammtseins, des tiefen wahrhaftigen Ernstes – und eine Zeit des Niedergangs, der Erstarrung. Beide Formen sind im Charakter des Älblers offensichtlich auf Widerhall gestoßen. Da treten mit einemal wunderbare aufrechte Männer hervor wie Pfarrer Kuhn aus Zainingen, ein Schüler August Hermann Franckes, dann die Familie Kullen, die lange Zeit hindurch den ersten Lehrer der Gemeinde Hülben stellte, die altpietistische Gemeinschaft gründete und sich als tätige Christen der Landwirtschaft auf der Alb annahmen. Der Kartoffelanbau auf der Alb wurde von pietistischen Kreisen eingeführt. Bekannt und geachtet war der „Stundenhalter" Ulrich Fischer aus Zainingen und die „Stunden", die im Gefolge dieser Männer entstanden waren.

Da gibt es eine Menge einfacher Leute, die sich dem Stundenwesen mit Inbrunst zugesellten und es ernst damit meinten. Da gibt es natürlich auch Frömmler und Leisetreter, die nicht mehr wagten, Charakter zu zeigen, und Sektierer und religiöse Schwärmer mit Weltuntergangsvorstellungen, wie die Martinsvögel in Nellingen. Jedenfalls haben alle diese Formen ihre Spuren stark eingeprägt. Dem Älbler liegt ja das Grübeln im Blut und mithin auch die Frömmigkeit. Eine Art von zweitem

Bildersturm griff um sich, die Tracht wurde dunkel, die Figur absichtlich verhüllend, Kirchen und Wohnungen bekamen ihr nüchternes, manchmal fast ödes Gesicht, überflüssige Zier wäre schon sündhaft.

Dafür geht es in den Dörfern außerordentlich rechtlich zu, schwere Straftaten sind selten, in einigen Oberämtern gab es für das Gericht kaum etwas zu tun. Keiner brauchte etwas einzuschließen, innerhalb des Dorfes kam nichts weg. Und das Weiblein, das in vollem Vertrauen auf Gott und die Dorfgenossen aufs Feld ging und ein Plakat an die Haustür hängte mit der Aufschrift: „Schlüssel liegt hinter dem Laden!" stammte gewiss aus jener Zeit, in der sich beispielsweise in einem großen Dorf etwa zwanzig verschiedene „Stunden" gebildet hatten.

Warum die pietistische Bewegung gerade in den Gebieten, die mit der Realteilung leben mussten, besonderen Anklang gefunden hat, ist nicht bekannt. Ein innerer Zusammenhang muss wohl bestehen. Es handelt sich dabei um die, besonders im Altwürttembergischen verbreitete Form der Aufteilung des Hofes und seiner Liegenschaften an alle Geschwister in Erbfällen. Beim Anerbenhof erbt lediglich der älteste Sohn den gesamten Hof und die übrigen Geschwister werden mit Geld abgefunden.

Landschaftlich sind Realteilungsgebiete kenntlich an schmalen, ja winzigen Parzellen, den „Handtuchäckern" und verschachtelten Bodenstücklein, die rein vom ästhetischen Standpunkt aus gesehen, ein wunderhübsches, buntes und urschwäbisches Bild ergeben. Das Landwirtschaftsamt ist natürlich anderer Ansicht, diese Art von Wirtschaft ist unrentabel und gerade das Gegenteil der angestrebten Felderzusammenlegung. Nochmalige Parzellteilung wird übrigens schon seit einiger Zeit von den Ämtern abgelehnt. Immerhin, so meinte einmal ein Schlauer, komme bei der Realteilung durch die Heiraten jedes Grundstück immer wieder an einen anderen Mann, sozusagen „im Dorf rum", wodurch auch ein schlecht gepflegter Acker einmal wieder einen guten Wirt finde und umgekehrt.

Mensch und Gemeinschaft

Einem heutigen, modernen Menschen fällt es schwer, sich die Abgeschlossenheit vorzustellen, die einem Albdorf früher, besonders im Winter beschieden war: Freitags kam eine einzige Zeitung ins Dorf, die dann im Wirtshaus unter den anwesenden Männern von vorne bis hinten verlesen und besprochen wurde. Das war eine der wenigen Verbindungen mit der Außenwelt. Ohne Verkehr, inmitten von Schneestürmen und jähen Kälteeinbrüchen war das Dorf dem Walten der Natur preisgegeben wie eine der Polstersiedlungen auf den Schafweiden, viele einzelne Pflanzen, aber eng zusammen gewachsen, aus einem Boden lebend, außen hart und innen zart, mit der einen Notwendigkeit, hier bestehen zu müssen. Gerade in der Einsamkeit und in der Rauheit von Wind und Wetter braucht der einzelne Mensch den wärmenden Anderen.

Wenn wir das Bild einer „menschlichen Pflanzengemeinschaft" vor Augen behalten, können wir begreifen, wie zäh die Bindung untereinander ist und wie sehr jeder einzelne als Glied des Ganzen seinem ungeschriebenen Gesetz unterliegt. Es ist nicht nur ungeschrieben, sondern auch unbewusst, dieses „Was tut man?", „Was schafft man heute?" Welche Arbeit verrichtet der Nachbar? Geht er ins Heu oder hackt er Kartoffeln, traut er dem Wetter oder traut er ihm nicht? Ist einer ins Heu gegangen, dann sind in einer halben Stunde alle anderen auch auf der Flur. Aber auch dieser eine hat sich vorher mit den anderen besprochen, und zwar mit denen, die etwa gleichviel „Sach" haben, ein Pferdebauer wieder mit einem solchen, Ochsen- und Kühbauern unter sich. Dies waren überhaupt ehemals strenge und gesonderte Kasten; es gab, wahrscheinlich in jedem Dorf, Wirtschaften für jede einzelne bis hin zum Handwerker und Seldner (Kleinstbauer, ohne oder mit nur wenig Grundeigentum).
Nicht nur bei der Feldarbeit kommen die Regeln der Sitte noch zum Ausdruck. Erste Frage bei einer Haussammlung ist: „Was gebet d´Leut?" Keiner will gern der erste sein, er will einen haben, nach dem er sich richten kann. Unmöglich, dass einer etwa, von einer plötzlichen Geberlaune beseelt, das Dreifache gäbe als sein Nachbar. Erste Frage nach einer Veranstaltung: „Hat´s de Leut g´falla?", erste Frage vor einem neu gefassten Plan: „Was saget d´Leut?" Der aus der Stadt kommende Leiter einer neu gegründeten Landjugendgruppe schlug einmal vor, die Honoratioren des Dorfes mit einem Neujahrssingen zu erfreuen. Die Antwort darauf: Unmöglich, das hat man noch nie gemacht, was würden die Leuten sagen?

Hat aber ein tapferer Einzelgänger in einem Dorf einmal etwas Neues durchgesetzt und hat es gefallen, dann wird schnell eine Gewohnheit daraus: Ein Verein schenkte einem sich verheiratenden Mitglied einmal eine kleine Araukarie, „ein Tännele" zur Hochzeit. Das Geschenk machte Freude, folglich bekommen nun schon seit fünf Jahren Hochzeitspaare von diesem Verein ein „Tännele". Eine gewisse Bereitschaft zur Bildung neuer Gepflogenheiten ist immer noch da. Und so ist es wohl immer gewesen: zwei oder drei Persönlichkeiten im Dorf haben die Initiative und die Kraft, sich durchzusetzen. Die anderen handeln „um der Leute willen", denken abhängig, dies besonders die Frauen. Es kann manchmal ein wenig kläglich wirken, dieser stereotype Satz: Nun muss ich dies oder jenes tun, „sonst saget d´Leut…". Es ist wie ein ständiges Sich-beobachtet-fühlen; hier kann die Gemeinschaft zum Komplex, zu einer tragischen Macht werden. So wird vieles nicht gewagt, um der Leute willen.

Im ganzen gesehen geht die Dorfsitte, mindestens in dem überschaubaren Zeitraum, dem Prinzip der Rechtschaffenheit nach, also denjenigen Eigenschaften, die ein so enges Zusammenleben erträglich und nach außen vertretbar machen. Dazu gehört auch das Wissen um jenen feinen Abstand, den man untereinander einhalten muss, um dem anderen nicht auf die Nerven zu fallen. Eine allzeit lebendige Kritik am Nachbarn sorgt neben echt schwäbischer Verhaltenheit, schon dafür, dass die „Bäume nicht in den Himmel wachsen" und der tägliche Brei des Beisammenseins gelegentlich kräftig gewürzt wird. Man verträgt sich aber auch rasch wieder miteinander, weil man weiß, dass man vielleicht schon morgen mit seinem streitbaren Nachbarn in dieselbe Kirche geht, mit ihm gemeinsam einen Sarg tragen muss oder einen Wagen von ihm entlehnen will. Man braucht einander ja.

Das erste Gebot der dörflichen Ordnungsmacht ist selbstverständlich die Arbeit. Auf der Alb war „Schaffen" allererstes Ziel, wer es nicht wollte, konnte der steinigen Erde nichts abgewinnen. Schwerste Sünde war dagegen der Müßiggang und ist es heute mehr denn je. Ein Älbler Ortsgeistlicher hat es wohl kaum einmal nötig gehabt, die Leute zur Arbeit anzuhalten, wohl aber zum Feierabend, zur Ruhe und Besinnung. Wer nicht immer arbeitet, mindestens etwas in der Hand hat, was nach Arbeit aussieht, ist schon verdächtig. Wer etwa werktags spazieren gehen wollte, gerät in den „Mund der Leute". Personen, die nicht mit den Händen arbeiten, haben ein „faules" Geschäft und verdienen doch – das begreift der Landmann im Grunde nie, er meint, diese Leute hätten es durch irgendeine Gunst des Schicksals einfach „nabrocht". Hier geistert wohl auch noch die alte Beziehung „Bauer und Herr" durch die Köpfe. Die „Herren", wie Städter und Kopfarbeiter auch heute noch genannt werden, gehören eben einer Schicht an, die es gut hat und dafür nicht viel zu tun braucht.

Solche Ansichten bringen es mit sich, dass das „Feierabendbänkle", das so mancher romantische Schriftsteller früherer Zeiten so oft und mit Erfolg angewandt hat, kaum bekannt ist. Falls ein Bänkle vorhanden sein sollte, werden die Milchkannen darauf getrocknet. Aber dass abends die Familie oder auch nur der Großvater mit der Pfeife sich darauf niederlassen und geruhsam in den Abend blicken, das gibt es, mindestens heutzutage nicht mehr. Man hat keine Zeit zum ruhigen Nachdenken und wenn man sie einmal hätte, lässt man sich dabei nicht ertappen – denn darüber sprechen die Leute.

Dies ist das oberste Gebot. Daneben gibt es noch einige andere, wie Frömmigkeit, mindestens nach außen gerichtete, Genügsamkeit, Ordnungsliebe, Sauberkeit, Ansprechbarkeit, Hilfsbereitschaft – das Zusammenleben in enger Gemeinschaft erfordert sie. Wir müssen dabei bedenken, dass viele soziale Einrichtungen, die heute von der Allgemeinheit getragen werden, wie Altershilfe, Krankenbeistand, Beihilfen bei Geburt, Hochzeit und Trauerfall, früher vom Dorf allein geleistet wurden durch Selbsthilfe nach der ungeschriebenen, aber sinnreichen Ordnung: alle für einen, einer für alle. Einem Kranken wurde von den Dorfbewohnern Stärkungsmittel und auch Geld gebracht, mit dem stillschweigenden Anspruch, im Falle eigenen Bedürfens dasselbe zu erhalten, ein Prinzip, das auch den Krankenkassen zu Grunde liegt, nur dass es heute dafür eine Zahlungspflicht gibt, die damals durch die Sitte ersetzt wurde.

Was geschieht nun, wenn ein so der Dorfgemeinschaft Angehörender und ihr Verhafteter aus dem Dorf gelöst wird? Es kommt auf den Grad der Anpassungsfähigkeit an. Ein sehr junges Mädchen kam zum „Dienen" in die Stadt. Wenn es von einer der vielen Kirchen läutete, fragte es jedes Mal aufgeregt, was denn geschehen sei, warum man läute, ob jemand getraut oder begraben würde? Und es begriff nie, dass es in der Stadt viele Kirchen gebe, von denen jede vielleicht zu einer anderen Zeit läute als die benachbarte und aus einem anderen Anlass die Gläubigen zusammen rufe.

Daran wird deutlich, wie schwer dem in der Dorfgemeinschaft Aufgewachsenen die Lösung von der Bezogenheit auf dieses Dorf wird. Diese Beziehungsaufgabe kann sich ungut auswirken: Aus Fleiß wird vielleicht Rastlosigkeit, aus Frömmigkeit Augenchristentum, Rechtschaffenheit mag zur Selbstgerechtigkeit führen und aus dem ursprünglichen Miteinanderleben kann ein Schielen nach dem Nachbarn entstehen und seiner Lebensweise. Aber viele Älbler haben das überwunden und es hat genug solche gegeben, die in der großen und weiten Welt ihren Mann gestellt, in Amerika und Afrika an großen Werken mitgearbeitet und es zu bewundernswerten Positionen gebracht haben. Wenn wir uns einen solchen vorstellen, dann bewegt doch die Frage: Was behält dieser Mann, wenn er sich aus dem Dorf gelöst hat, welche Eigenschaften sind ihm ganz eigen, welche Züge wird er in die Fremde nehmen?

Was immer wieder auffällt, das ist ein tiefes Wissen von der Paradoxie des Lebens, von jenen zwei Seiten, die ein jedes Ding hat, von der dunklen und der hellen. Dieser schmale Grat der Einsicht, der oft so schwer zu ertragen ist, gibt dem Älbler jene Weisheit und urtümliche Gescheitheit. Er hat Raum in seinem Wesen für die großen Gegensätzlichkeiten, für das So-wohl-als-auch, und ist dadurch vielleicht eine Art Prototyp des Schwaben, mindestens ein Beispiel für das beidseitige Denken und auch seine krankhaften Formen. Betrachten wir einmal, wie der Älber den Superlativ von „schön" gestaltet: Er sagt „wüescht schö", wüst und schön, zwei Gegensätze vereint er zu einem Höhepunkt! Er sagt auch: „D` Liebe und dr Huste lent se net verberga" oder „d` Berliner sand auch schweigsam, bloß könnet se`s net rauslau" oder „a schleachts Weib hält ´s Haus z´semma wie dr Wend s´Meahl". Wie der Wind das Mehl – in zwei Worten ist alles gesagt.

Das Dorf

Sein Dorf nennt der Älbler den „Flecken". Dieses schöne bildhafte Wort, das aus der Schriftsprache nahezu verschwunden ist, war noch im 19. Jahrhundert in den Rathausakten zu finden als „Markt-Vleckh" oder „gemeiner Vleckh", versinnbildlicht ein wenig den Eindruck, den ein solcher Ort im Luftbild zeigen würde. Helle, saubere, stattliche und kleine weißbunte zusammengeschobene Tupfen, „Flecken" im großzügig hingebreiteten Linienspiel der Landschaft mögen sie darstellen, wenn sie sonnenbeschienen daliegen.
Denn das äußere Gesicht seines Fleckens liegt dem Albbewohner am Herzen. Die Dörfer sind gut gehalten, die Höfe werden, besonders samstags, peinlich sauber aufgeräumt, die Straßen gekehrt und die Häuser womöglich alle paar Jahre frisch getüncht.
Meist sind es Haufendörfer, die sich später einer Durchgangsstraße nach entwickelt haben. Kirche und Friedhof liegen ungefähr in der Mitte, ebenso Pfarrhaus, Rathaus und die Hüle oder „Raiße", die ehemalige Wasserstelle des Dorfes, von der die nächsten Häuser meist einige Meter wegbleiben, teils wegen Überschwemmungen bei heftigen Regenfällen, teils auch wegen der Schnaken und Frösche, die dort gedeihen, seit die Hüle zum Sammelbecken für Abwässer geworden ist. Viele dieser Tümpel sind inzwischen zugeschüttet und der Platz für ein kleines „Anlägle" verwendet worden, das ist hygienischer, wenn auch nicht mehr charakteristisch. Im Zuge der Abwasserkanalisation werden wohl die meisten Hülen vollends verschwinden, und nur einige Dorfnamen, wie Breithülen, Berg-, und Tiefenhülen werden noch an die Wasserstellen erinnern, die einstmals Mittelpunkt des Dorfes waren.

Große und kleinere Bauernhäuser bergen Wohnhaus und Stall unter einem langgestreckten Dach. Die Scheuer oder der Stadel ist entweder im Winkel oder gerade an das Haupthaus angebaut oder etwas entfernt für sich gestellt. Der Wohnstock liegt ebenerdig mit dem Stall. Im ersten Stock, sofern vorhanden, liegen die Schlafzimmer.

Gegenüber der Haustür befindet sich beim größeren Bauernhaus die Küche, jetzt zumeist vom Hausgang durch eine Wand abgetrennt. Früher waren Küche und Hausgang eines. Man kochte also im Flur und empfing ankommende Besucher direkt „am häuslichen Herd". In kleineren Häusern ist das heute noch zu sehen. Rechts oder links vom Hausflur, je nach Straßenlage, geht es in die Wohnstube und dahinter, ohne Zugang von außen, in die Schlafstube oder Stubenkammer, die ihrerseits manchmal durch ein kleineres Stüble Zugang zur Küche hat. Auf der anderen Seite des „Wohntraktes" beginnt der Stall, immer von innen zugänglich und mit all seinen Lauten für den Bauern auch im Bett gut hörbar.

Es gibt auch Handwerker- und Seldnerhäuser im Dorf, erstere oftmals in einer Art Siedlung entlang einer Straße eng zusammengebaut, aber auch einzeln und in allem wesentlich kleiner und einfacher als das Bauernhaus. Typisch für alle Dörfer, in denen Handweberei betrieben wurde, ist die „Dunk", die Weberwerkstatt unter der Stube und durch eine Falltür zu erreichen. Halb im Erdboden und nur zum oberen Teil spärlich durch Kellerfenster mit dem „Dunkenladen" erleuchtet, waren diese unterirdischen Werkstätten der ideale Aufenthalt für die Leinwand, die eines halbfeuchten Klimas bedurfte. Der Weber allerdings fühlte sich in der Kellerluft weniger wohl und hat sich gar manchmal die Schwindsucht bei der Arbeit geholt. Wer es noch erlebt hat, wer noch zur Winterszeit durchs Albdorf ging und das Klappern der Webstühle aus den „Dunken" vernommen hat, vergisst es nie mehr, auch nicht, wie sie weniger und weniger wurden und wie man schließlich einen Extra-Spaziergang unternahm, um dem letzten Handweber, etwa in Laichingen, noch einmal zuschauen zu dürfen. Nun stehen die Handwebstühle in den Heimatmuseen und die Dunken werden als Keller benützt.

Eine Besonderheit ist das Seldnerhaus. Es ist gebaut für Leute, die keine oder nur wenig Landwirtschaft haben, oftmals ohne Stall und jeweils in mehrere Wohneinheiten eingeteilt als eine Art Siedlung für Landarbeiter, die auf einem größeren Hof mithalfen. Das langgestreckte Giebelhaus ist der Firstlinie nach und eventuell auch querüber noch ein- oder zweimal abgeteilt. Das durchgeteilte Haus findet sich auch heute noch viel in weniger wohlhabenden Albgemeinden. Jedem Besitzer gehört eine Haushälfte, und es wird schwierig, wenn einer von ihnen seine Hälfte umbaut und der andere sie unverändert lässt, so dass vor allem die verschiedene Dachneigung ein seltsames Bild bietet. Man habe früher, so erzählte ein alter Bauer, im Winter abends in der Wirtschaft „Häuser gehandelt". Wer Schulden hatte, tauschte ein besseres Haus gegen ein schlechteres ein, und wer sich verbessern wollte, verfuhr umgekehrt, und die erstaunten Ehefrauen erfuhren des Morgens, dass sie umzuziehen hätten. Dass es Älbler gibt, die schon von einer Straße zur andern Heimweh bekamen, scheint hier außer acht geblieben zu sein!

Etliche Wirtschaften gibt es in jedem Dorf: Krone, Hirsch, Adler, Lamm, Ochsen, Löwen, Engel und der grüne Baum findet sich überall. Es scheint, als habe der Hirsch mit der altwürttembergischen Tradition zu tun, es scheint auch, als sei der grüne Baum meist eine kleine Separatbleibe nur für Bauern gewesen, aber eine Norm lässt sich hier nicht aufstellen. Soweit die Gasthäuser an bedeutenden Durchgangsstraßen liegen und ehemalige Posthaltereien und Pferdewechselstationen waren, blicken sie auf eine reiche Geschichte zurück, zeigen geräumige, oft stilvolle Haustypen und besitzen wertvollen alten Hausrat. Oftmals war eine stattliche Landwirtschaft dabei. Bargeld bleibt auch heute noch hängen und so haben wir eine Reihe begüterter Wirtsgeschlechter auf der Alb, die weithin bekannt sind.

Aber wie es große und kleine Kirchen gibt, so gibt es auch große und kleine, ja allerkleinste Wirtschäftlein. Eines davon nannte man scherzhaft das „Hotel", obwohl oder weil es nicht die geringste Ähnlichkeit mit einem solchen hatte. Sein Besitzer, ein Kleinbauer, besaß lediglich die Konzession für Branntweinausschank und das ganze Inventar der Wirtschaft bestand aus einer Flasche und einigen Gläschen, womit er abends in seiner Wohnstube einigen benachbarten Bauern Schnaps einschenkte. Die meisten Wirte sind tagsüber Bauern und werden erst abends zum Gastwirt. Über Tag ist die Gaststube entweder geschlossen oder ein Kind oder die Ahne betreuen die wenigen durchreisenden Gäste. Ein Kuriosum in den Albgaststuben ist der „Unterschlag", eine hölzerne Trennwand, erst später für das Privatissimum angebracht. Auch oben „im Saal", wo Hochzeiten und Vereinsfeiern abgehalten werden, finden sich vielfach solche Trennwände, womit man aus einem Teil des Saales etwa Gästezimmer machen kann.
Der Älbler Humor verschont übrigens auch die Wirte nicht. Erwähnt sei hier nur der Ausruf eines Wirtssohnes anlässlich einer Hochzeit: „Vater, komm, s´isch kei Hauchzichswei maih a´gmacht!"

Die Rathäuser sind vielfach umgebaute Bauernhäuser, aber auch kleine ehemalige Schlösser und die „ulmischen" Amtshäuser finden sich darunter, oftmals sind auch Schule und Rathaus unter einem Dach. In neuerer Zeit gibt es manches schöne moderne Schulhaus auf der Alb. Die alten sind ihnen gegenüber sehr bescheiden und erinnern noch ein wenig an die Zeiten, wo der Schulmeister in seiner Wohnstube, die oftmals auch noch zum Schlafen diente, unterrichten musste. Es ist ein Fall aufgezeichnet, wo man die Schulkinder heimschicken musste, weil die Frau Schullehrer Wochenbett halten wollte. Später genehmigte man dann auch dem Lehrer einen „Unterschlag" für sein Eigenleben, ja sogar einen, um Ober- und Unterklasse voneinander zu trennen.

Oft gibt es noch ein Spritzenhaus und eine Gemeindewaschküche in jedem Albdorf, fast immer ein oder mehrere Backhäuser. Diese sind wohl kaum irgendwo so zahlreich zu finden wie auf der mittleren Alb – möchten sie doch ein langes Bestehen haben! Die Bäuerin, die mit dem Bachwä-

gele und dem Bachgschirr zum Bachhaus führt, nachdem sie beim Bachalausa ein Zeitlos gezogen hat, die den Ofen mit Bachbüschla füllt, anzündet, dann die Asche ausräumt, mit dem Hudelwisch auswischt und dann mit dem Einlaiber Laib für Laib des inzwischen gegangenen Teigs aus der Muld auf die heißen Ziegelsteine des Ofens setzt, das Brot bäckt und dann mit der duftenden Last schwarzen und weißen Brotes, mit Nudla, Platz, Kemmichplätzla und vielleicht einem Gogelhopfa heimkehrt – die vergisst kein Älbler, der in der Fremde lebt. Zeitlebens wird ihm der erdhafte warme Brotgeruch in der Nase bleiben, er wird in Gedanken das Scherrloible, einen Wecken aus dem Teigrest, auf der Zunge spüren. „S´isch emol a Weib gewea, so arm, dass se hot müssa d´Katz zom Hudelwisch nemma" sagt ein lustiger Spruch.

Der bauliche Mittelpunkt eines jeden Dorfes ist die Kirche. Ein einheitlicher Baustil lässt sich nicht feststellen. Es gibt alte und neue, es gibt vielfach einen alten Baukern, um den sich allerhand An- und Umbauten herumgruppieren, schlechte und gute, meist in der bäuerlichen Art der alten Hand-

werker, solid und handfest und infolgedessen doch noch ein wenig einheitlich. Schwere klotzige Emporeneinbauten in später reformierten Dorfkirchen sind allerdings manchmal dunkel und unschön, besonders in kleinen Schiffen. Vielfach ist der Chor der älteste Teil, war ehemals eine befestigte Kapelle und bekam mit dem Wachsen der Gemeinde zuerst ein kleineres und dann ein größeres Schiff angesetzt. Mancherorts wurden im Chor gotische Fresken frei gelegt, in einigen Fällen wurde die Dorfkirche zur Bewahrerin ausgelagerter wertvoller Altarbilder aus der Reichsstadt Ulm. Für neugotische Kirchlein wurde dann das dortige Münster zu einer Art Vorbild, sie versuchten, auch ein kleines Münsterlein zu haben, was mehr oder weniger geglückt ist. Auch einige welsche Hauben gibt es, wie der herzogliche Baumeister Schickhardt den Laichingern auf ihren Wunsch hin statt des alten Fachwerkaufsatzes eine gebaut hat.

Wohlhabende Gemeinden verschiefern ihre Kirchlein, was mehr zu ihrer Dauerhaftigkeit als zu ihrer Schönheit beiträgt. Schiefer war ein teures Material, da er von Lothringen eingeführt werden musste. Reichere Bauern verschalen auch ihre Wettergiebel damit. Rührend sind die winzigen schlichten Kirchlein ganz kleiner Albgemeinden. Wie ein großes Bauernhaus sehen sie aus, haben ein stumpiges Türmlein, ein Schiff wie eine Stube und nur der Schlüssel kommt dem Besucher riesiggroß vor. Wie eine Glucke nimmt ein solches Kirchlein die Gläubigen unter seine Flügel und der berühmte Spruch jenes Mesners wird sinnfällig: „Wenn älle nei genget, genget et älle nei, weil aber et älle neiganget, ganget älle nei."

Schützend nimmt das Kirchlein auch die Toten unter seine Fittiche, die rund herum begraben liegen und still von den Kirchgängern gegrüßt werden. Viele der Friedhöfe waren befestigt durch wehrhafte Mauern mit Schießscharten.
Sie mussten nach einer Anordnung des Hauses Württemberg dem Schutze durchreisender Transporte dienen, beispielsweise der kostbaren Salzlasten, die auf der Durchgangstraße befördert wurden. In vielen Dörfern gibt es auch noch einen Salzbauern, der ehemals wohl die Aufgabe hatte, das Salz zu lagern. Der Flurname „Salzwinkel" kommt mehrmals vor.

Die weiträumigen Pfarrhäuser, vielfach mit gemütlichem Walmdach, erinnern an die Zeit, wo der Pfarrer, ebenso wie der Lehrer, teilweise oder ganz mit Naturalien besoldet wurde und nebenher Landwirtschaft betrieb. Es musste ein Stall da sein, der geistliche Herr musste ja auch ein Kütschlein haben und Pferde dazu, und einen Pfarrstadel brauchte er auch. Für den Betrachter, weniger für den darin wohnenden Pfarrer, ist so ein stilles Albpfarrhaus von unwiderstehlicher Romantik. Linden und Vogelbeerbäume rauschen um alte Tore, breite Treppen führen zu getäferten Zimmern, stille Gärten dienen dem Geistlichen zur Sammlung und Besinnung, indes jenseits der Kirchhofmauer das Korn rauscht und das Kirchlein im Sommertag ruht, bis samstags der Mesner kommt, um mit Besen und Schrubber die sonntägliche Verkündigung vorzubereiten. Herrlich ist so ein Kirchlein auch im Winter, wenn es, halb im Schnee versunken, die Helligkeit seiner erleuchteten Fenster in die Nacht hinaus legt und mit der klaren Stimme seiner Glocken in Dunkelheit und Sturm nach den Gläubigen ruft, die dann ernst und feierlich gekleidet ihre Stiefel vor dem Eingangstor abschlagen. Wenn wir nicht wüssten, dass der Pfarrer vielleicht halbe Nächte hin-

durch wacht und sich um die Probleme müht, wie jähe zeitliche Veränderungen die ihm anvertrauten Seelen bedrängen, dann könnte alles ein Idyll sein.

Die Wahl der Grabkreuze ist nicht immer ganz glücklich gelöst. Sie wird weitgehend vom örtlichen Handwerker bestimmt und von dem, was dieser in der Ausbildung einmal gelernt hat. Die Formen sind weder modern, aber auch nicht altertümlich, sie halten sich im Rahmen des gerade Herkömmlichen. Keines der Grabmäler hebt sich besonders hervor, eine gewisse Gleichheit vor dem Tode wird meist gewahrt. Auch die Beschaffenheit des Materials, ob Stein, Holz oder Eisen, bestimmt der Handwerker, der gerade Lieferant ist. In einigen Fällen gibt es hier eine Tradition bis in unsere Zeit herein: Der wunderschöne Ballendorfer Friedhof enthält fast nur Holzkreuze, die von der gleichen Schreinergeneration seit Jahrzehnten in derselben volkstümlichen, bunt bemalten Holzarbeit hergestellt werden. Ähnlich ist es in Zainingen. Hier schafft eine Schmiedfamilie kunstgeschmiedete Kreuze mit leichten zeitbedingten Abwandlungen wie Sternen, Rosetten, Röslein und Tulpenmotiven schon seit 150 Jahren. Oft werden die alten Kreuze neu gestrichen und wieder verwendet und somit eine gewisse Tradition fortgesetzt. Wenn später der zweite Anstrich abblättert, erscheint der Name eines viel früher Verstorbenen, samt den altertümlichen Blümlein, die seinen Namen umranken.

Etwas außerhalb des Dorfes liegt vielfach noch ein einzelnes Gehöft mit der Bezeichnung „Ziegelhütte". Der Name erinnert noch daran, dass viele Albdörfer früher ihre eigene kleine Ziegelei unterhielten, aus denen das Dorf mit Bausteinen versorgt wurde. Wegen der Feuersgefahr des ständig brennenden Ofens wurden sie außerhalb des Dorfes angelegt. Heute ist der Ziegler nur Bauer, er hat die Brennanlagen mit dem dazu gehörigen Kamin abgebrochen. Da er ein Mann war, der ein wenig außerhalb der Dorfgemeinschaft lebte, beschäftigt sich der Spott auf nicht ganz feine Art mit ihm und erfindet einen Vers, der auch als Polka getanzt wurde:

Dr Ziegler auf der Hütte,
mit seiner broita Hau,
Und wenn er nemme schaffa mag,
no goht r zu dr Frau.

Hausrat

Ein großer schwarzer „altdeutscher" Ofen aus Gusseisen, ein viereckiger Tisch mit der Schublade für den Brotlaib und das Salzfass, darum die Eckbank, nach der Sichtseite auf Hof und Straße fest eingebaut, einige Stühle, ein ebenfalls eingebauter „Stubenkasten" und vielleicht ein geschwungenes Wachstuchsofa mit weißen Knöpfen – das ist im Grunde die Einrichtung, die der Bauernfamilie von der Alb seit hundert und mehr Jahren für ihre Wohnbedürfnisse ausreicht. Kein Wunder, dass sie das Umziehen nicht so sehr schwer nahmen. In der Stube waren eigentlich nur Tisch und Stühle beweglich und vielleicht der Sofa, aber den besaßen nur die Bessergestellten. Alles andere gehörte zum Haus und man kannte also damals schon die Vorteile „eingebauter Möbel". Aus der Schlafstube allerdings mussten sie schon die Betten mitnehmen und den Kleiderschrank, denn dort war nichts fest als vielleicht eine Ecke des schwarzen Ofenungetüms, die man klugerweise dort hineinragen ließ, damit sie in kalten Tagen ein wenig „vor sich hin wärmele". Aber auch in der Küche war nicht viel beweglich als ein Tisch und die „Schanz" für Teller und Häfen, doch auch diese der Größe der Wand angepasst. Die Kammern der Kinder enthielten kaum je mehr als ein Bett und vielleicht einen kleinen Schrank, früher natürlich auch die „Siedel", eine Truhe für Kleider und Wäsche, ein Möbelstück, das sich junge Mädchen zuerst anschafften und womit sie auch „wanderten", also reisten, etwa an einen Dienstplatz oder später auf den Hof, wo sie einheirateten. Sonst aber brachten sie an Wohnstubenmöbeln nicht viel mit, es ist in alten Aussteuerregistern auch nichts verzeichnet. Man ließ wohl alles beim Alten durch lange Zeit hindurch, mindestens beim ärmeren Älbler. Die reicheren Bauerntöchter brachten auf dem „Brautwagen" das Doppelbett mit, Kleiderschrank, Spinnrad, Wiege usw., aber kaum ein Stück zur Einrichtung der Wohnstube. Diese von Grund auf neu zu möblieren, wenn Sohn oder Tochter heiraten ist eine Einrichtung neueren Datums, auch die Entfernung der so gemütlichen und warmen holzgetäferten Decken, die einstmals jede Wohnstube zierten. Kann man sie nicht herausnehmen, werden sie wenigstens in einem hellen „modernen" Ton vom Maler angestrichen, lichtrosa oder lichtgrün sind beliebt, aber damit ist der alten Stube ihre schöne Einheitlichkeit genommen, die durch Verwendung einer Holz- und Anstrichsart für Möbel und Decke zustande kam, und die heute der Städter in seinem Hang zur „Bauernstube" wieder sucht.

Das hier angeführte „Grundmobiliar" des Albhauses hat sich durch die Jahrhunderte und Jahrzehnte hindurch ganz verschiedenfach variiert. So ungefähr im achtzehnten und der ersten Hälfte des neunzehnten Jahrhunderts waren Schlafzimmerkasten, Bettlade, Siedel und Wiege bunt bemalt und mit Initialen und Sprüchen versehen, die Namen und Hochzeitsjahr der Braut trugen, außerdem Blumen und Schnitzereien und die gedrehten Knödelstäbe. Wahrscheinlich war auch der eingebaute Stubenkasten bunt bemalt, aber man kann es nicht mehr feststellen, weil sie alle inzwischen mehrfach überstrichen wurden. Diese Zeit war wohl eine Blütezeit bäuerlichen Kulturbewusstseins. Eine Vorliebe für Verewigung haftete ihr an, überall werden Anfangsbuchstaben und Jahrzahlen angebracht, über der Haustür als Hauszeichen, auf den Säcken, die zur Mühle gehen, auf Zinngeschirr, Handwerkszeug, Wäsche, Kleidungsstücken und vielen anderen Plätzen prangt der Name des Besitzers. Auf den „altdeutschen" Wasseralfinger Öfen erscheinen ganze Listen von Generationen, unten, auf dem Sockel oder „Ofenstein" steht der Name des Großvaters, auf der Vorderplatte des ersten, aus-

Urfula Ströhlerin

ladenden Stockwerks ist der des Vaters verewigt und oben, im letzten, schmaleren Aufsatz der Sohn, jeweils mit seiner Eheliebsten zusammen. Man konnte diese Platten wohl in Wasseralfingen nach Wunsch gießen lassen, wahrscheinlich ist jeweils die vordere Platte mit den Initialen auf Bestellung angefertigt worden, während die Seitenplatten allgemeinere Darstellungen aus dem biblischen und bäuerlichen Geschehen zeigen. Wappen, wie das altwürttembergische, das in den betreffenden Gegenden häufig vorkommt, sind ebenfalls beliebt. Ein Auszähl- und Merkvers zum Württembergischen Wappen lautet:

Hörnle, Weckale,
Fähnale, Fisch –
ond du bisch!

Um den alten Ofen herum gab es meistens das „Ofagrähm", ein Geviert von hölzernen Stangen zum Trocknen von Kleidern und Wäsche. In der Mitte des zwanzigsten Jahrhunderts sind fast alle diese Öfen abgebrochen worden und beim Alteisenhändler gelandet, sofern nicht ein findiger Sammler sie einem anderen Zweck zuführte. Ab und an findet man einzelne Platten als Deckel über Abwasserlöchern oder Regenfässern.

„Gemalte" Kästen kann man hie und da noch finden. Sie stehen meist in den Kammern und haben sich, wohl ihrer festen Bauart halber, besser erhalten als Betten, Wiegen und Truhen. Leider ist die Älbler Hausfrauentüchtigkeit, auf die wir noch kommen werden, oft ziemlich unbarmherzig mit diesen alten Sachen verfahren, weil sie nicht mehr modern sind, oder überall „hindern". Das altmodische „G´lump" könnte auch lächerlich wirken und man schämt sich seiner, nimmt ein Beil und macht Kleinholz daraus. Nur bei den Schränken, wie gesagt, bietet die Sparsamkeit dem Vernichtungswillen Einhalt, und so kann man immer wieder einem so freundlichen und lebensfrohen Zeugen jener Zeit begegnen.

Später wohnte man einfacher, unter pietistischem Einfluss fast puritanisch, die Stuben wirkten kahl und karg, ein Einfluss, der sich heute noch feststellen lässt. Der Älbler ist zwar reicher geworden, er hat auch seine Stube bereichert, eine Nähmaschine, Stubenuhr, Kommode sind hinzu gekommen, ein Ohrensessel für den Ehle, Nehle, Eahne oder Großvater, vielleicht hat man auch den Stubenkasten durch ein modernes Büfett ersetzt, aber der Hang zur Nüchternheit ist trotzdem noch nicht überwunden, während im katholischen Albhaus der Herrgottswinkel eine freundlichere Note in die Stube bringt. Der Bildschmuck ist kaum anders, ob er nun aus Erinnerungsbildern an Konfirmation oder Hochzeit besteht, aus Haararbeiten zum Andenken an einen Toten, aus Öldrucken nach biblischen Szenen oder aus steifen Fotografien oder kolorierten Vergrößerungen nach Amateurbildern eines Gefallenen. Immer möchte man sich solche Gegenstände anders denken, da sie doch meist teure Erinnerungen darstellen. Dem bäuerlichen Menschen fehlt wohl die Beziehung zu solchen Dingen, die er nicht in die Hand nehmen und gebrauchen kann. Dagegen ist der kleine Kranz mit Himmelfahrtsblümchen „gegen den Blitzschlag" viel sinnvoller.

An Büchern gibt es im Älblerhaus für gewöhnlich außer der Bibel, dem Gesang- und Stark´schen Andachtsbuch und dem Losungsbüchlein nicht viel – ein Arzneibuch vielleicht und den Kalender mit der Trächtigkeitstabelle für das Vieh. Über der Stubentür auf einem Gesims verwahrt man die Bücher, zusammen mit Arzneifläschchen. In ganz alten Häusern sieht man auch eine eingemauerte Nische für Bibel und Gesangbuch, fast mönchisch sieht das aus.

In der Küche findet sich in alten Häusern gelegentlich noch der offene Rauchabzug über dem Herd, die „Schauß". Interessant ist auch die Heizvorrichtung für den „altdeutschen" Stubenofen, der von der Küche aus bedient wird. Mit der Ofengabel werden „Büschela" eingeschoben und mit Holz nachgeheizt, es geht dabei durch einen Schacht, die „Höll", bis nach vorn zum Ofen, der ursprünglich nicht von der Stube aus beheizt werden konnte. Der breite Herd beherbergt zumeist auch den Wasch- und zugleich Wurstkessel. Ein einfacher „Kuchekasta" bildet nebst Tisch und der „Schanz" (Geschirrständer) die weitere Kücheneinrichtung, die sehr hinter den modernen Küchen zurücksteht, die jetzt der Wunschtraum der jungen Bauerntöchter sind. Der „Milkasta" mit luftdurchlässigem Gitter zum Aufstellen der für das Entrahmen vorgesehenen Milch ist selten geworden.

Es würde zu weit führen, sich mit den Berufsgeräten des Bauern zu befassen. Die Teile eines Stadels, Pfluges oder gar Wagens von der „Leixam" bis zur „Schnättrete" sind zu umfangreich, sie würden ein weiteres dickes Buch füllen. Auch der aufgezäumte Gaul hat viele Dinge an sich, die nur der Eingeweihte beherrscht. Wie vielfältig dieser Bereich ist, davon mag das Liedchen aus Ballendorf eine Ahnung vermitteln:

Vier Rössla am Waga, wie spann i die na?
De Graußa an d´Deichsel, de Kloine vorna na.
Em Sattelgaul da Kamm ond em Handgaul da Schwamm,
em Rahmagaul da Spitz ond em Handgaul d´Schmotzbüchs.
Ond fahr i s´ Dorf auße, na tu i en Knall,
ond mei Handgaul schlägt naus ond mei Schatz, der guckt raus.
Ond fahr i weit auße, no han i weit hoim,
verkommt mr mei Schätzle, no führ e´s glei hoim.

Tracht

Wohl kaum ein zusammenhängendes Gebiet im württembergischen Land hatte im sechsten Jahrzehnt des zwanzigsten Jahrhunderts noch eine lebende Tracht aufzuweisen außer jenen Albgegenden um Ulm, Blaubeuren und Laichingen herum. Am geschlossensten vielleicht haben einige Gemeinden des Ulmer Landes ihre Tracht erhalten, aber auch um Blaubeuren findet man noch Tracht und in Laichingen konnte man bis vor kurzer Zeit sogar noch unter den Fabrikarbeiterinnen, die dort in die Webereien und Nähereien gehen, Trachtenträgerinnen finden. Die Münsinger Gegend ist schon früher von der Tracht abgegangen. Vielleicht spielt dabei der dortige Truppenübungsplatz mit und die ständige Anwesenheit von Soldaten, auch in den Lagern von Feldstetten oder Auingen.

Allerdings sind es nur noch die älteren Leute, etwa ab dem Jahrgang 1910, und darunter besonders die Bauernfrauen, die noch täglich im überlieferten Gewand gehen. Sie gehen „bäurisch", wie sie sagen, und fühlen sich ihrem Bauernstand zugehörig und bei ihm auch geborgen. Sie sitzen auch, etwa bei einer Festlichkeit, gern beieinander und halten auch sonst zusammen, denn sie sind meistens Jahrgängerinnen. Wird die Tracht ein für allemal abgelegt, so verfährt meistens der ganze Jahrgang so. Bei einer Veranstaltung in Sontheim im Winter 1957 saßen unter 25 anwesenden Frauen fünf und zwei Donauschwäbinnen in ihren eigentümlichen Trachten.

Ausser diesen gibt es noch eine Reihe trachtenähnlich gekleideter Frauen, solche, die zwar nach der Zeit gehen, aber sich nicht so recht trennen können oder wollen. Diesen Kleidungstypus findet man häufig. Immerhin sind vor dem zweiten Weltkrieg noch eine ganze Anzahl Bauernbräute in alter Weise ausgestattet worden. Da gab es auch noch Läden in Ulm, Langenau, Beimerstetten und Laichingen, die alle Stoffe und Zubehörteile führten bis hin zu den silbernen Knöpfen für die Männerwesten, von denen schon in „Friedenszeiten" das Stück eine Mark kostete. Heute werden diese Waren nicht mehr geführt, wenigstens nicht mehr im selben Umfang wie damals.
Wer sich heute noch eine Tracht machen lässt – auch das kommt vor –, der wählt eben ähnliche Stoffe, die zum Stil passen, wie schwarzes Tuch oder leicht schwarz-weiß geblümte Muster. Ausputz und Börtchen für die Albtracht kann man noch kaufen. Es gab auch vor nicht allzu langer Zeit – vielleicht auch heute noch in manchen Dörfern – Trachtennäherinnen, die für wenig Entgelt, vielleicht nur einen Schurz Lebensmittel, auf der „Stör" alles nähten, stickten, fütterten und wattierten, was zu einer rechten Tracht gehörte: „Was Gott et geit, geit d´Nähere!"

Von der noch lebendigen Tracht, wobei der Zeitraum von etwa 1930 bis 1955 überblickt wird, liegt wohl noch maches in Truhen und Kästen verwahrt, herrliche Dinge, die bis in die Mitte des 18. Jahrhunderts zurückreichen: Schnürleiber, Seidentücher, Schürzen, Hauben in allen Formen, Goller in Weiß und Bunt mit Brokatband und den Bändchen, womit man sie unter dem Arm festband, Kopftücher mit gestickten Ecken, Granatketten mit „Nusterschlössern" daran, Strümpfe im Palmenmuster gestrickt, Dreispitze, Pfeifen, Kirchenröcke und rote Westen.
Etliches davon hat Aufnahme in die Heimatmuseen, z.B. in Langenau und Laichingen gefunden. Vieles aber wurde in der schweren Nachkriegszeit umgearbeitet zu modernen Kleidungsstücken.

Heute tragen die Männer noch eines der ältesten Kleidungsstücke, die es überhaupt gibt, das Blauhemd. In der Stadt wird es auch Fuhrmannskittel genannt, der über Hose und Weste frei herabhängt und auf der Achsel mit roter, weißer oder auch schwarzer Stickerei verziert ist, meist in einem Eichelmuster. Die Garnfarbe ist dörferweise verschieden, Zainingen hatte weiß, Laichingen rot usw. Das Blauhemd wird vor allem zur Arbeit getragen, aber auch auf den „Märkt" oder sonntagmorgens vor dem Gottesdienst. Ein echter Bauer hat mehrere solche Hemden. Das älteste und schon ein paar Mal geflickte zieht er zum Mistführen an, ein etwas besseres für alltägliche Arbeiten und das neue „auf den Märkt". Im „Heuet" und in der „Ähret" gehen Männer und Frauen „in Weißem", das heißt hemdärmlig und hell, die Männer tragen hier eine weiße Schürze, die Frauen nur den Miederrock mit Schürze und den halben Hemdärmeln darunter.

Unter dem Blauhemd hat der Mann statt der fast überall abgegangenen Lederhose eine dunkle Stiefelhose mit Rohrstiefeln, „Ringlesstiefel" genannt, oder aber, in neuerer Zeit eine dunkle lange Arbeitshose mit derben Halbschuhen bzw. -stiefeln.

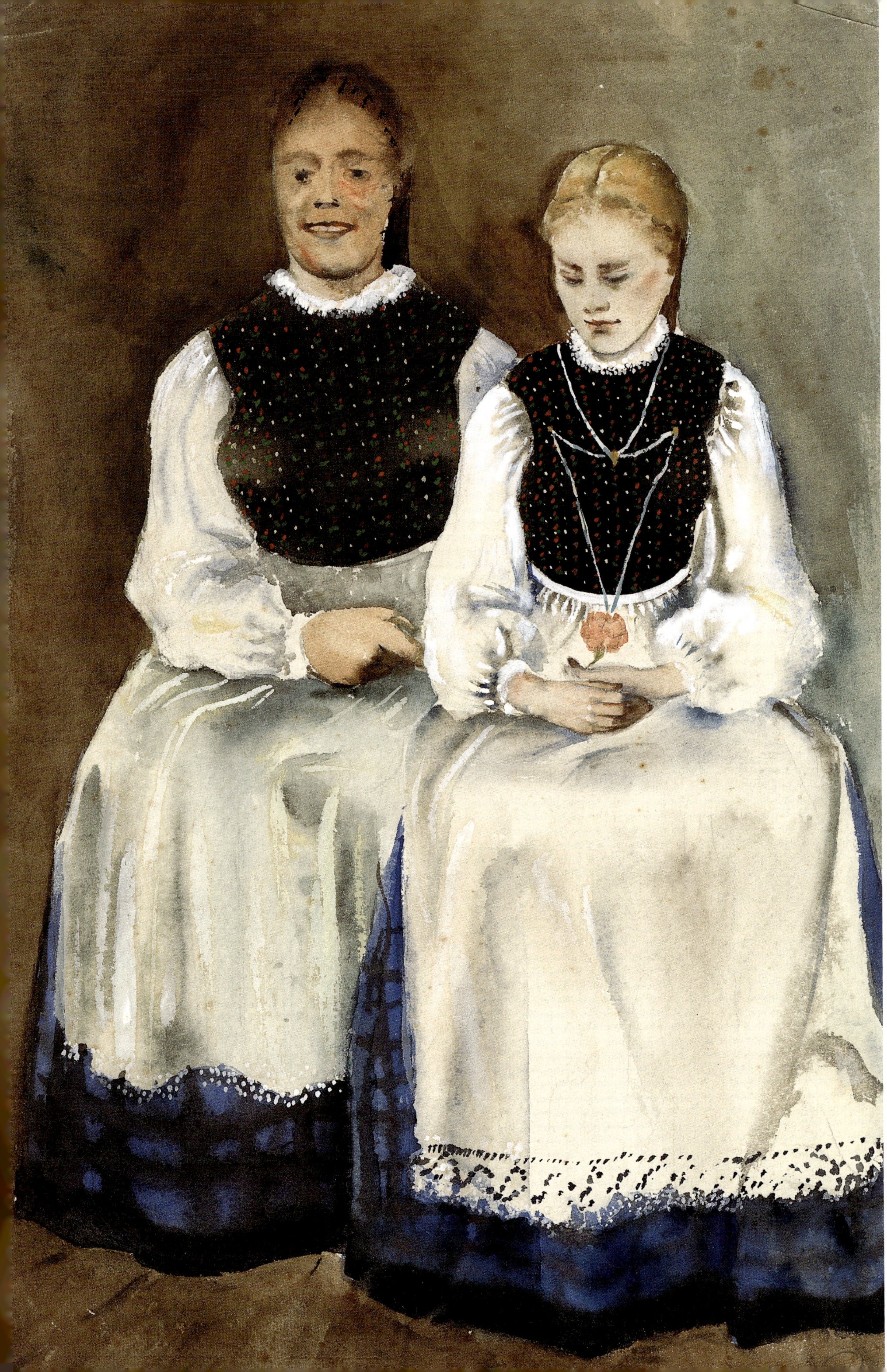

Eine ältere Form der unbequemen „Ringlesstiefel", sie hatten mehrere Lederwülste um den Knöchel, waren die „Suffrohrstiefel", sie sollen ihren seltsamen Namen vom russischen General Suwarow herleiten.
Als Kopfbedeckung liebte der Ulmer Bauer einen breitrandigen, schwarzen und steifen Hut und der Blaubeurer und Laichinger die Zipfel- oder deckelartige Weberkappe mit der Quaste dran.

Der mit dr Zipfelkapp,
der hot koi Geld em Sack,
der mit ´m ronda Huet,
der hot Geld genueg!

lautet ein lustiges Tanzverschen, das aber auch geeignet ist, die wirtschaftlichen Unterschiede zwischen dem Ulmer Älbler und dem „Weberle" darzulegen.

Nur wenige alte Männer tragen zum Gottesdienst noch den dunkelblauen oder schwarzen Kirchenrock, der rückwärts lange Flügel und vorne zwei Reihen talergroße gebuckelte Knöpfe aus Zinn oder Silber hat. Er ist schon sehr selten und vielfach durch eine Art Bratenrock in Schwarz abgelöst worden. Darunter sieht man noch die schwarze Samtweste mit den kleinen hellen Punkten, die aus der Biedermeierzeit stammt und jetzt statt der silbernen meist kleine schwarze Knöpfe aufweist. Rote Westen feiern nur noch bei Trachtenfesten und Theateraufführungen ihre Wiederkehr, gelten aber dann noch immer als Zeichen stolzen Bauerntums. „A Bauer en dr rauta West" ist als Begriff noch lebendig geblieben.
Als Schmuck dient eine silberne Uhrkette mit dem „Schieber", ganz ähnlich der Kette, die das Albmädchen auf ihrem Samtmieder wie eine Verschnürung trägt und mit Nadeln kunstvoll feststeckt. Einen originellen silbernen Ohrschmuck, eine Art Knopf im Ohrläppchen, konnte man vor etlichen Jahren noch bei sehr alten Bauern sehen. Eine altertümliche Barttracht, Kolbenschnitt genannt, mit langen Koteletts, wie man sie auf Bildern aus den Freiheitskriegen sehen kann, trug ein betagter Suppinger noch 1934.
Das Hauptstück der Frauentracht ist der Miederrock, „Leiblesrock" genannt, weil Rock und Leibchen aneinander genäht sind. Meist bestehen sie aus verschiedenem, in den Farben kontrastierendem gemustertem Stoff. Der Rock ist aus Tuch, von der einfachsten bis zur feinsten Qualität, und vielfach „taflet", also groß kariert in ernsten Farbtönen gehalten wie schwarz, dunkelviolett, braun, grau, dunkelblau, wogegen das Mieder etwas lebhafter getönt und geblümt oder getüpfelt ist. Bei der neueren Tracht besteht es aus dunklem Samt und ist manchmal auch handbestickt mit bunten Streublümchen aus glänzendem Seidengarn. Ältere Miederformen sind aus bedrucktem Tuch, viereckig ausgeschnitten und mit Seidenband besetzt. Der Rock ist in viele kleine Stehfältchen gelegt und eng an das Mieder angesetzt, allerdings wurde hier gern ein bisschen gemogelt. Da ja zum Leiblesrock immer eine Schürze getragen wird, kann man sich unter dieser, also vorn an der Taille, die Fältchen und damit Stoff sparen, außerdem einen minderwertigeren „Plätz" einsetzen – weil man es ja nicht sieht.

Der Rock hat unten einen Samtbesatz, den „Sahmet", dessen Breite die Wohlhabenheit der Trägerin anzeigen soll. Auch hier ist die Ulmerin um einige Zentimeter voraus. Wer lang hat, lässt lang hängen – so sagt man. Der innere Besatz des Samtstreifens heißt die „Blege" und besteht aus irgendeinem gestreiften oder rotkarierten „Zeugle", also Baumwolltuch. Dieser sonst nicht sichtbare bunte Streifen tritt erst in Erscheinung, wenn es regnet. Dann schwingt die Älblerin ihren guten Rock hinten hoch und legt ihn über den Kopf, dazu ist er weit genug, und das dauerhafte Tuch hält erstens den Regen ab und soll zweitens vor Verschmutzung geschützt werden. Diese Art von Regenschutz ist möglich, weil unter dem Oberrock noch ein ganz ähnlich geschnittener Unterrock aus Baumwollflanell getragen wird, die sogenannte „Kutte", die zugleich dem Oberrock genügend zur Polsterung verhilft.

Auffallend ist die Anordnung der Taschen in beiden Röcken, die Kutte hat links eine tiefe, eingearbeitete Tasche, den Kuttensack, und der Oberrock hat sie rechts. Damit man nun vom Oberrock aus auch den Kuttensack benutzen kann, hat jeder Leiblesrock links nur einen Schlitz, durch den die Hand hindurchfährt. Da sich auch diese Taschengeheimnisse unter der Schürze befinden, sind sie vor näherer Einsicht verdeckt. Ich sehe noch eine rundliche Albbäuerin bei einem Wochenbettbesuch, auf der „Weiset" oder „Weisnet", still und gemächlich ein Ei um das andere unter ihrem Schurz hervor angeln, bis das Dutzend voll war. Vorher war es nicht zu sehen, dass sich diese Frau so ausgerüstet hatte. Man soll das nicht erblicken, was die Frauen so herumtragen „untrem Schuuz" oder „em Schuuz", das sind Geheimnisse, hinter die ein Mann nicht so leicht kommt. „Eine Frau kann ´em Schuuz´ mehr aus dem Haus tragen, als der Mann in drei Wägen hereinführen kann" erklärt die Sache.

Übrigens, das gehört allerdings nicht zur Tracht, verschenkt die Älblerin zwei, vier, fünf, acht, zehn oder zwölf Eier, niemals etwa sieben oder neun oder elf oder gar dreizehn. Das Eierzählen ist eine heilige Handlung, schon deshalb, weil man sie so vorsichtig anfassen muss, die Eier.

Mit der unendlichen Anzahl ihrer Schürzen trieb und treibt die Albbäuerin einen Hokuspokus, der von Sitte und Sparsamkeit gleichermaßen diktiert, im übrigen aber vorläufig unerforschbar ist.
Die Trägerin kann sechs Mal am Tag die Schürze wechseln, je nachdem, was sie vorhat. Sie trägt bei der Stallarbeit eine andere wie in Küche und Haus, sie bindet „ins Dorf" und zum Einkaufen eine andere um wie „aufs Feld", und dort angekommen, wechselt sie wieder den Schurz, denn der für den Weg ist nicht derselbe wie für die Feldarbeit. Sonntags geht die Schürzenvielfalt weiter: Da gibt es „den Schurz" für Sonntagmorgens daheim, dann wohl zehnerlei Kirchenschürzen, für gewöhnliche Sonntage, für Feiertage, für Abendmahl und Taufe, Hochzeit und Trauer. Sonntagnachmittags taucht wieder eine andere Schürzenart auf. Für die jungen Mädchen war die weiße Tanzschürze wichtig, sie war vielfach am unteren Saum mit den Initialen verziert. „Die …er Mädla hent weiße Schüz a, ond onta am Schuuz stoht a schös Mädle dra" heißt es in einem Tanzliedchen. Einem Mädchen, das ein „lediges" Kind hatte und weiter weiße Schürzen, als Zeichen ihrer Unschuld, trug, wurden einmal alle Schürzen von der Wäscheleine weg gestohlen.

Unter dem Leiblesrock wird ein langes „Hemd" getragen, für werktags aus Flanell mit Streifen und kurzen Ärmeln, für die Festtracht müssen die Ärmel lang und bestickt oder spitzenbesetzt sein. Auch hier wird wieder ein bisschen gemogelt, man erfindet den „B´scheißer", der nur dort schön verziert ist, wo man ihn sieht, nämlich am Hals und an den Ärmeln. Unter dem Mieder aber reicht er nicht bis zur normalen Hemdenlänge, um ein paar Zentimeter Stoff zu sparen.
Ergänzt wird die Tracht mit einer Jacke oder Bluse aus dunklem Stoff, alte Frauen tragen sie offen ausschwingend, eine Art Bolero, „Büble" genannt, das kürzer als das Mieder ist, weshalb man den Ansatz auf dem Rücken sehen kann. Blusen und Jacken sind in der Taille geschlossen, vorne geknöpft und haben ein geschweiftes, bortenbesetztes Schößchen. Jacken und Mieder waren früher teilweise so eng geschnitten, dass die Brust darunter verkümmerte und die Frauen, nach einer alten Oberamtsbeschreibung, ihre Kinder nicht stillen konnten.

Als Kopfbedeckung hat das Kopftuch die alte Bänderhaube fast ganz verdrängt. Auch die Kopftücher sind für jede Jahreszeit und Gelegenheit variiert, und die Art des Bindens ist eine Kunst, die gelernt sein muss. Sehr alte Frauen zum Beispiel machen manchmal noch den „Hexenbund", der aus zwei Kopftüchern besteht, von welchen das eine quer über die Stirn gelegt und am Hinterkopf zusammengebunden wird, während das andere sich um das Gesicht legt und den Knoten unter dem Kinn hat. Zur Arbeit, wenn es heiß ist oder im Stall, wird ein leichtes und waschbares Tüchlein von der Stirn über die Ohren nach hinten gebunden. Diese Art des Bindens wird aber niemals bei Festlichkeiten oder gar für die Kirche angewandt, da gibt es nur die gerade aufrechte Form, zum Dreieck gefaltet mit dem großen Knoten und den abstehenden Zipfeln unter dem Kinn.

Der in den Nacken hängende dritte Zipfel ist mit Monogramm und Blütenstickerei verziert. In einigen Dörfern tragen die Frauen auch sommers ein schwarzes Spitzentuch und winters einen Langschal um den Kopf, der ebenfalls schwarz ist, als Übergangserscheinungen in moderne Zeiten.

Seidene Hals- und Brusttücher werden zur offenen Jacke noch hie und da getragen. Die schwarzen mit bunter Kante heißen „Mailänder" Tücher, die durchweg geblümten harmonieren manchmal mit der Feiertagsschürze, sie sind schwarzgrundig mit violetten, braunen oder stahlblauen Blumen damastartig durchgewebt, was ihnen ein metallisch glänzendes Aussehen gibt. „Blechschürzen" heißen im Ulmer Land die aus dieser Stoffart hergestellten Seidenschürzen. Besonders auffällig sind solche Halstücher, bei welchen die eine Seite eine weiße und die andere eine bunte Kante hat. Man braucht das Tuch im Trauerfall nur anders zu falten. Bei der Herstellung solcher Aussteuern dachte man ja an alle Fälle, die im Leben vorkommen. Das macht diese kleinen gescheiten Überlegungen so liebenswert.

Allerlei Bänder gehören noch zur Frauentracht, schwarze, rote, grüne und gestreifte aus „gewässerter" Seide (Moiré) und teilweise gezackt. Kleine Zacken bedeuten in einigen Dörfern Trauerbänder. Immer zwei Bänder derselben Sorte werden in die Zöpfe geflochten, um die Taille geschlungen und vorn über der Schürze verknotet. Nett ist das kleine zinnoberrote Seidenschleifchen,

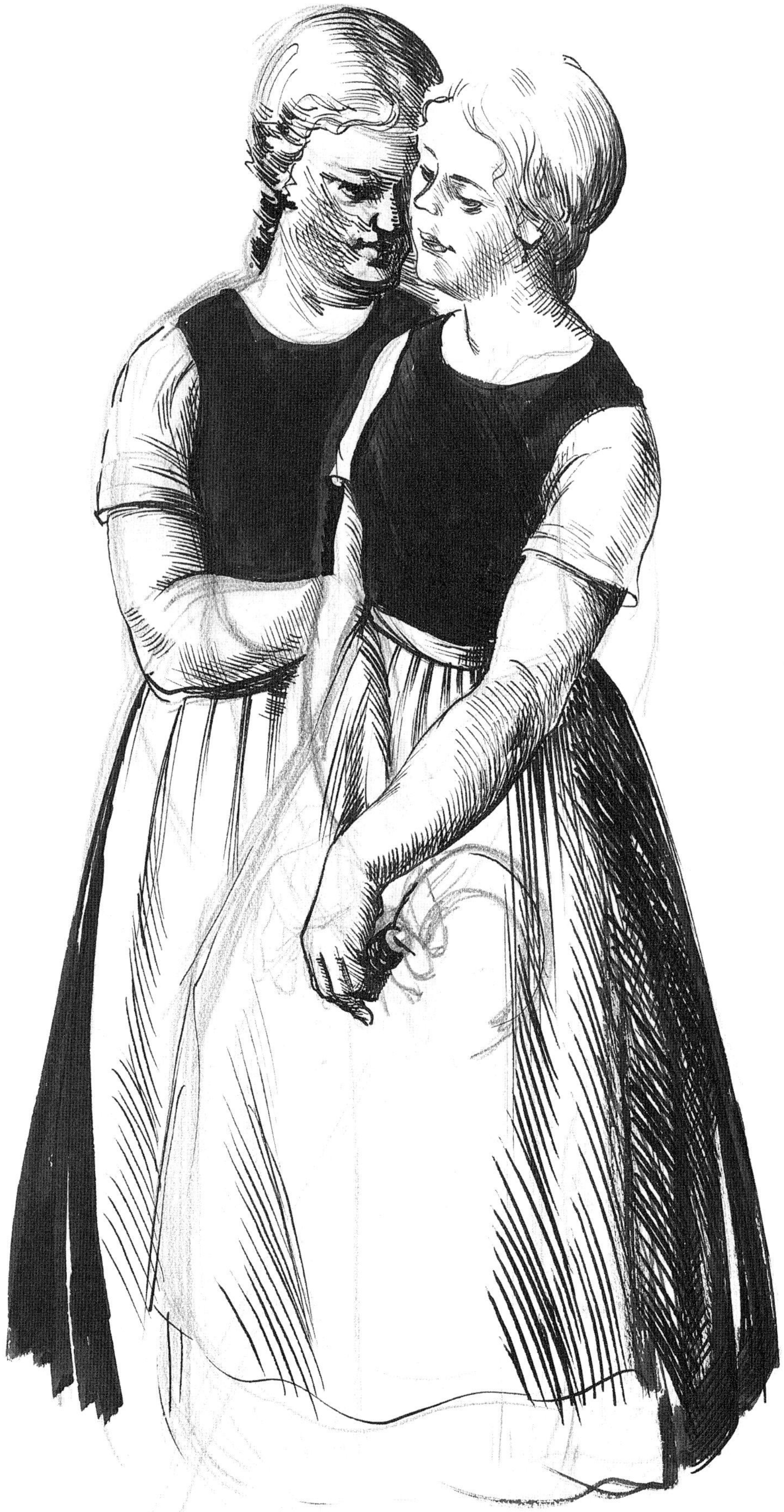

das bei der Laichinger Mädchentracht am Halsgrübchen sitzt.

Zur Festtracht passt auch Schmuck, um den Hals das „Granatnuster", eine mehrschnürige Granatkette mit vergoldetem Schloss, über der Brust die Silberkette mit dem vergoldeten „Anhängerle" in Metallsägearbeit. Dieser kleine Goldschmuck ist eine nette Besonderheit. Es sind Pferdchen darauf, Bauern mit Pflug, Weberschiffchen mit Blumen, oftmals auch nur ein Taler. Am Rand hängen meist noch einmal zwei oder drei kleine Anhänger, wieder Pferdchen oder Röslein oder knospenartige Formen. Zum Gemälde auf Seite 37 wird erzählt, daß die Silberkette mit dem „Anhängerle" nur der echten Bauerntochter zusteht, während die neben ihr sitzende Magd keinen Silberschmuck zur Tracht tragen darf.

Ob ein solcher Anhänger symbolische Deutungen zulässt, ob eine „große" Bauerntochter mehr Pferde drauf und daran hatte als die „kleine", ist nicht bekannt, aber man sagt es. Man kennt sich innerhalb des Dorfes so gut, dass ein junger Mann die Anzahl der Pferde seines künftigen Schwiegervaters so oder so weiß, ohne dass das Mädchen sie ihm auf ihrem Anhänger vorzeigen muss. Die Zahl der Pferde gilt ja als Schlüsselzahl für die Größe einer Landwirtschaft. Wenn einer hört „vier Gäul", dann kann er sich das übrige denken.

Die Frage einer Neugestaltung der Albtracht hat schon manchen Heimatkundler beschäftigt und es sind auch mehrere gute Ansätze dazu vorhanden, die von der Landjugend und den Landwirtschaftsämtern und Bauernschulen unterstützt wurden. Wirklich durchgesetzt hat sich keiner dieser Versuche, obwohl sie teilweise das Moderne mit dem Alten ganz organisch verbinden wollten. Im besten Fall ist ein Volkstanzkleid für Jugendgruppen entstanden, aber zur Arbeit wird es nicht getragen.

Vom Hochzeitmachen und Heimsingen

Eine alte Frau aus einem Dorf erzählte mir einmal, sie habe es bei Nacht so schwer, wenn sie nicht schlafen könne. Da müsse sie alle die Mädchen zählen, die noch keinen Mann hätten. Nach einer Hochzeit sei sie allemal ganz erleichtert, dann sei es wieder eine weniger.

Ja, es ist oft schwer, bis es sich schickt, dass man heiraten kann. Ist aber alles abgeredet, haben Vater und Schwiegervater ja gesagt und „ihr Sach nadau", dann kann das Aufgebot bestellt werden. Vorher hatte man früher den „Heiratstag", dabei wurde auf dem Rathaus der Ehevertrag geschrieben und abends die Altersgenossen bewirtet, eine Verlobung gab es nicht. Sie ist heutzutage in Schwang gekommen. Auf den Ehevertrag wird oft verzichtet, was nachher zu Streitigkeiten führen kann. Aber daran denkt man vorher noch nicht, da gibt es so viel zu tun, da steht der ganze Flecken zusammen, dass es eine schöne Hochzeit gibt. Hochzeit, also kirchliche Trauung, wird meist erst dann gehalten, wenn eine Hofübergabe stattfindet, wenn das junge Paar eine eingerichtete Wohnstätte und sein Fortkommen hat. Müssen die beiden heiraten, ehe das alles bereit ist, dann vorläufig nur vor dem Standesamt, die richtige Hochzeit wird später gefeiert. Sind beide Brautleute aus einem Dorf, dann gibt es meist eine „Fleckenhochzeit", eine, zu der das ganze Dorf geladen wird. Ein paar Tage vorher schickt man den Büttel mit einem Sträußchen im Knopfloch zu allen Hausleuten, mit Ausnahme der nächsten Verwandten und Nachbarn, die vom Brautpaar selbst geladen werden: „I möchte´ zur Hochzeit lada vom NN und Braut. Kirchgang isch um zwölfe, d´Hochzeit isch em Ochsa". Der Büttel wird für seine Botschaft oft bewirtet und ist ziemlich lustig, wenn er die Runde gemacht hat.

In der Wohnung des Brautpaars wird inzwischen eingeräumt, der junge Haushalt muss bis auf die letzte Stecknadel geordnet sein, damit die Leute „auf B´sehet" kommen können. Dabei wird alles aufgesperrt, Kästen und Kommoden, damit zu sehen ist, was die Braut mitbringt. Neuerdings kann man hie und da eine gespannte Schnur sehen, damit die vielen Neugierigen den neuen Teppich nicht betreten. Mancherorts wird auch noch „gewandert", also der Hausrat öffentlich und im aufgeputzten Wagen befördert, wobei Gespielinnen und Bäschen den kleinen Hausrat, Waschzuber, Besen, Eimer usw. zwischen sich nehmen und im Zug durchs Dorf befördern. Alle Gegenstände sind geschmückt und es wird so aus der staubigen Angelegenheit eines Umzugs ein Fest gemacht.

Diese alte schöne Sitte ist im Verschwinden, man fährt nun meist abends mit Handwagen und Wasserschlitten ins neue Haus und ist ganz froh, wenn dabei nicht alles zugucht. Aber die Altersgenossinnen der Braut helfen nach wie vor beim Einräumen und richten alles aufs beste her. Sie schmücken auch am Hochzeitsmorgen den Altar in der Kirche mit Blumen und tragen dazu oft im ganzen Dorf die „Stöck", also blühende Blumen in Töpfen zusammen, die dann gleich nach der Trauung durch dieselben Mädchen bei den Besitzerinnen wieder abgeliefert werden.

Die ganze Gemeinde begleitet das Paar in die Kirche. Am schönsten ist die schlichte, bäuerliche Hochzeit, bei der man an der alten Art festhält. Eine Braut, deren Mutter noch Tracht trägt oder sich zum Bauernstand hält, geht im schwarzen Gewand mit weißem Schleier zur Kirche. Das weiße Brautkleid gilt als neumodisch und wird von denen getragen, die sich nicht an die bäuerliche Überlieferung halten, vielleicht auch in andere Verhältnisse einheiraten. Die Bedeutung von Kranz und Schleier wird nur noch selten bedacht. Im vorigen Jahrhundert wurde laut Kirchenkonventsprotokoll das unrechtmäßige Tragen eines Kranzes nachträglich mit Geldstrafen oder einem Tag „Zuchthäusle" bestraft. Auch die Spielleute durften nur einer unschuldigen Braut aufspielen. Heute kann man auch eine Mutter mehrerer Kinder im Kranz zur Kirche gehen sehen.

Man geht „vom Haus weg", wenn es läutet, und zwar immer vom neuen Haus aus, also von der zukünftigen Heimat des Paares, wo die Braut am Abend vorher schon eingezogen ist. Während des Geläutes ist feierliche Stille im Dorf. Die Kirchgänger stehen, festlich gekleidet, in Grüpplein beisammen und warten auf den Zug, um sich ihm einzugliedern. Voraus gehen die „Vetterles- und Bäsleskinder" (nach Sebastian Blau) und solche aus der Nachbarschaft. Bei größeren Hochzeiten folgen die Mädchen des Chores und die Altersgenossinnen, dann Brautführer und Brautfräulein, wie man „G´sell" und „Gspiel" heute heißt, das Brautpaar, die weiblichen Verwandten und alle

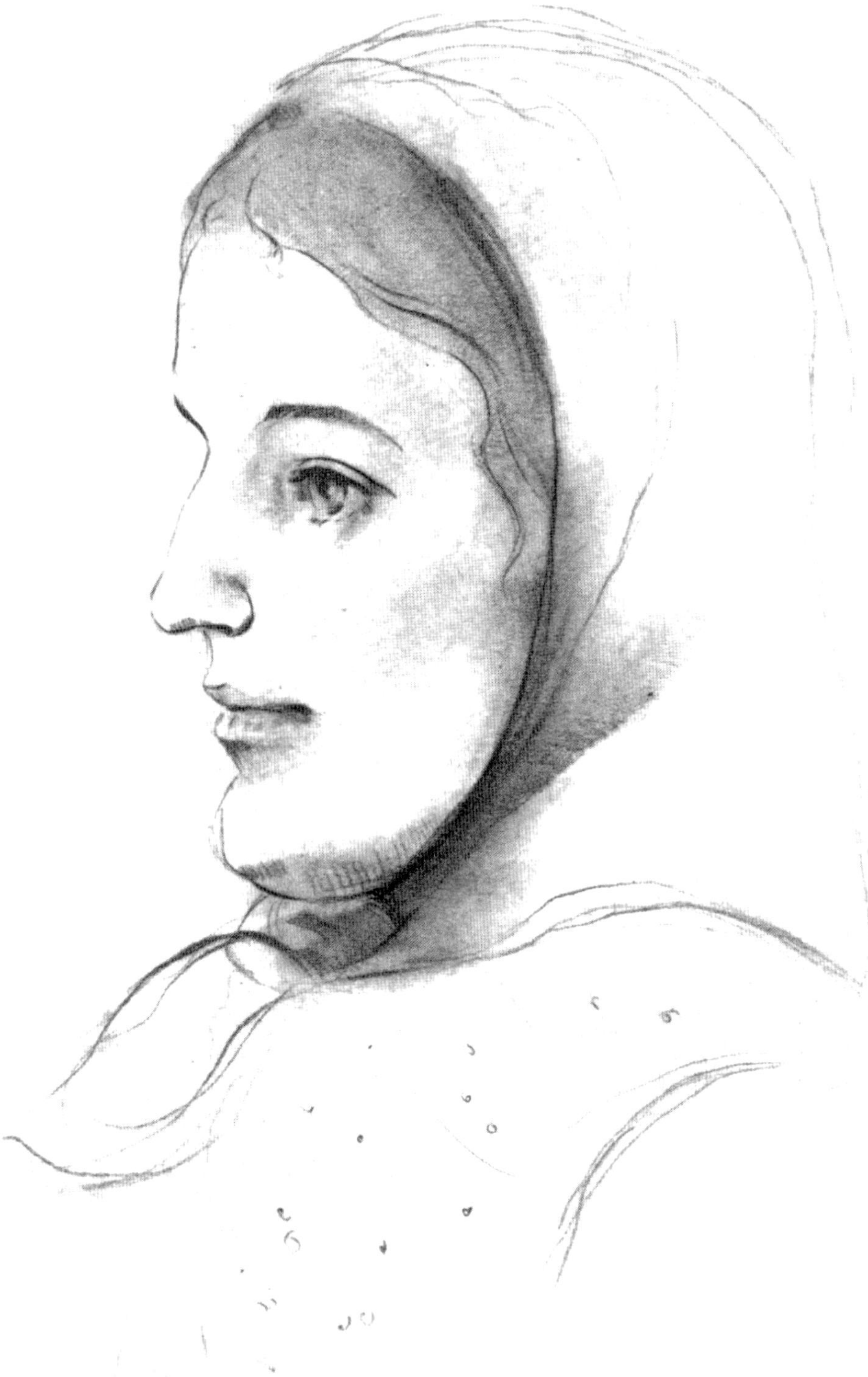

Frauen, dann erst die männlichen Verwandten und Bekannten. Ist ein Vater oder die Mutter schon tot, dann werden sie durch ein jüngeres Familienmitglied vertreten. Es verzichtet also etwa eine Schwester des Hochzeiters auf die Ehre des Brautfräuleins und geht mit der Mutter der Braut im Zug, falls die eigene fehlt. Man nimmt hier auch meist eine stille Gelegenheit wahr, einen Besuch am Grab zu machen.

Im Amt des Brautführers hat sich noch ein Rest jener Bedeutung erhalten, die ihm früher als Beschützer der Braut zukam. Der Brautführer ist mehr als nur ein gewöhnlicher Hochzeitsgast, man bittet ihn auch darum und lädt ihn nicht nur ein. Er und sein Mädchen bekommen Geschenke vom Brautpaar und von Anverwandten und beschenken sich außerdem gegenseitig. Eine große Hochzeit ist ja ein Fest für das ganze Dorf, auch viele andere Gäste und besonders Kinder erhalten von ihren Angehörigen Geschenke, selbst dann, wenn sie nicht näher verwandt sind, nur weil sie zur Hochzeit durften.

Der Brautführer sieht sich sein „Fräulein" meist etwas näher an. Wenn er verlobt ist oder ein festes Verhältnis hat, wird er nicht mit einem anderen Mädchen zur Hochzeit führen, das wäre etwas wie Treuebruch. Hat er noch kein bestimmtes Mädchen, so werden Mütter, Tanten und Basen eifrig besorgt sein, ihm eine auszusuchen, die sie für die Richtige halten und bei der sie wünschen, dass sich etwas „anspinnt". Ledige junge Leute werden oft gerade aus diesem Grunde zu einer, vielleicht auch auswärtigen Hochzeit geladen, damit sie einen Gefährten fürs Leben finden sollen. Hat ein junger Mann mit demselben Mädchen schon mehrere Male „en d´Kirch g´führt", dann ist es fast eine Schande, wenn er nicht bei ihm bleibt. Man sagt etwa so:
„Die zwei hent schau fünfmal mitnander en d´Kirch g´führt, jetzt isch Zeit, dass se selber Hauchzich machet!" Auch die Geschenke, die das Brautfräulein erhält, zielen deutlich nach dieser Richtung, Likörservice, Glasschalen, Tischtücher usw. für die künftige Aussteuer.

Bei der kirchlichen Handlung sitzt das Brautpaar vor dem Altar, die Brautführer links und die Fräulein rechts. Nach früherer Sitte saß die Braut zuoberst bei den Mädchen und wurde vom Bräutigam zur Trauhandlung mit einer Verbeugung abgeholt, was deutlich machte, dass sie nun nicht mehr in diesen Kreis gehörte. Nach dem Gottesdienst ordnet sich der Zug wieder und wandert dem Gasthaus zu. In einigen Gemeinden findet vorher noch der „Altarumgang" statt, wobei Frauen und Männer der näheren Verwandtschaft nacheinander im Gänsemarsch den Altar umwandern und hinter ihm in eine dort aufgestellte Schale ihr Opfer einlegen. Diese Sitte hat sich in anderen Gemeinden wieder nur als Beerdigungsbrauch erhalten.

Im Gasthaus wird in einigen Gemeinden noch der Brauttanz getanzt, er ist aber schon sehr selten. Die nähere Verwandtschaft tafelt nun im kleinen Kreis, die „große Masse" kommt erst abends. Es wird „über d´Tafel" geschenkt, d.h. die Bedienung teilt vorher abgegebene Päckchen für das Brautpaar und alle anderen Gäste aus. Dabei fehlen meist auch humorvolle Sendungen nicht:
Das Brautpaar muss den berühmten Storch mit den Vierlingen im Schnabel in Kauf nehmen.

Abends, wenn man im Stall fertig ist, kommen die „Hausleute" auf die Hochzeit. Nun wird es erst festlich und die Feier nimmt die Gestalt eines öffentlichen Abends an. Gedichte werden aufgesagt, die man vorher mit persönlichen Hinweisen bei jemand Reimbegabtem bestellt hat und die sich zugleich auch auf das Geschenk beziehen, das öffentlich überreicht wird. Der Chor singt und die Musikkapelle spielt, zwischendurch wird auch getanzt, wenn der Saal nicht zu klein ist. Altersgenossen und Chor werden mit Bratwürsten, Wecken und Salat bewirtet, ein abendliches Hochzeitsessen, das immer gleich bleibt und an dem das ganze Dorf zugleich mitschmaust, allerdings auf eigene Kosten. Man lässt aber ganz gern einmal etwas „springen" und Bratwürste gibt es auf dem Albdorf nur an Hochzeiten, so wie es Laugenbrezeln nur an Samstagen gibt.

Alle Hochzeitsbesucher haben außerdem die stille Pflicht, dem Brautpaar etwas zu schenken, und zwar Geld, wenn sie nicht näher verwandt sind. Das geht aber nicht öffentlich, sondern das Brautpaar wandert durch den Saal von Tisch zu Tisch und lässt sich überall beglückwünschen.
„I wesch viel Glück en Ehstand" – so und nicht anders lauten die Worte, die man dazu sagt. Wenn man dem Bräutigam die Hand gibt, lässt man ihm dabei ein Geldstück in die Hand gleiten, ohne etwas zu sagen. Dieser lässt es ebenso unbemerkt in die rechte Jackentasche gleiten und bedankt sich. Das ist die „Hochzeitsschenket", mit der jedes Brautpaar rechnen kann und die oft einige hundert Mark beträgt, es ist allerdings verpflichtet, bei der nächsten Hochzeit im Dorf und bei allen, die es selbst während seines Lebens besucht, wieder zu schenken. Es seien

Die Verfasserin setzte sich zusammen mit den Teilnehmerinnen und Teilnehmern zum Gelingen des nachgestellten Hochzeitszuges mit Brautwagen im Jahr 1949 sehr ein. Er gewann bei der Laichinger Heimatwoche den 1. Preis und wurde wenige Monate später auch den Stuttgartern beim Landwirtschaftlichen Hauptfest vorgeführt.

die ersten Schulden, die ein Brautpaar auf diese Weise mache, sagen Spaßvögel, aber sie sind langfristig und günstig tilgbar. Meist steht im neuen Heim schon der Radioapparat oder die Couch, die, als Sonderwunsch des Paares, von der „Hochzeitschenket" bezahlt werden soll. „Auf d´Hochzeit gau und et schenke ist wie…" hier folgt etwas Unaussprechliches, aber jedenfalls völlig Unmögliches für den, der sich etwa einfallen lassen wollte, auf eine Hochzeit zu gehen und nichts zu schenken.

Ist es Mitternacht geworden, dann denkt man ans „Heimsingen". Dieser Brauch ist jedem gebürtigen Älbler unvergesslich und für den Fremden bewegend. Er ist etwas vom Schönsten und Tiefsten, was die Zusammengehörigkeit der Leute unter sich geschaffen hat, auch dann noch, wenn die Hochzeitsgäste schon recht lustig sind und die Jugend sich gelegentliche Kindereien erlaubt. Ich sehe noch die Tränen, die einem in die Stadt verzogenen Älbler in den Bart rannen, als er bei einem Kirchenkonzert nach langen Jahren jenen Heimsinge-Choral wieder hörte, den die Heimkehrenden anstimmen: „Auf Gott und nicht auf meinen Rat will ich mein Glück stets bauen." Mag auch die Freude hohe Wogen geschlagen haben, nun ordnet man sich wieder ein, tritt vors Gasthaus, der älteste Brautführer hat eine Stalllaterne angezündet und führt den Zug an, der nun langsam und feierlich durch die schlafenden Gassen dem neuen Heim zuwandert und dabei alle Verse des Chorals singt. Ist der Weg länger, singt man auch noch „So nimm denn meine Hände" oder ein anderes ernstes Lied.

Im neuen Heim hat man inzwischen alle Lichter angezündet, das Brautpaar stellt sich Hand in Hand unter die Tür während des Singens, die Gäste wünschen eine gute Nacht und das Brautpaar ruft: „Mr danket schö". Dann wird es still im Flecken, nur die Jugend feiert vielleicht noch eine Weile weiter. Ist der folgende Tag ein Sonntag, so besucht das junge Paar wenn irgend möglich den Gottesdienst.

Vom Essen und vom Trinken

„Mehlspeisen, besonders große Knötlen (Knöpfla) sind ihr Leckerbissen, ihr einziges Gemüs ist Sauerkraut, süße Milchen mit Brot dick gestampft so auch im Sommer saure Milchen. Brot essen sie viel von Dinkel, aber auch mit Roggen und Gerste vermischt, Erdbirnen gibt es wenige…". Man merkt diesem Bericht eines Laichinger Pfarrers von 1800 geradezu die Gänsehaut an, mit der er den Küchenzettel der damaligen Älbler beschreibt. Da er später einmal vermerkt, dass im Pfarrgarten der „Karviol" (Blumenkohl) gut gedeihe, ist anzunehmen, dass der Tisch im Pfarrhaus etwas abwechslungsreicher gedeckt war. Es ist ja auch für uns heutige Menschen kaum glaubhaft, wie anspruchslos die Leute damals lebten.

Man hat es ihnen wohl auch angemerkt, denn es sind in alten Akten immer wieder Klagen darüber zu finden, dass die Laichinger so klein geraten und daher bei einer Musterung kaum junge Leute mit dem vorgeschriebenen Maß zu finden seien. Aus derselben Gegend stammte wohl auch der junge Ehemann, bei dessen eingehenderer Besichtigung die Frau entsetzt ausgerufen haben soll: „O Ma, was hosch du für dürre Füß!" (Füß = Beine). Beinahe wäre sie am eben erreichten Tor der Ehe noch einmal umgekehrt und es hat viel Liebe und guter Worte von seiner Seite bedurft, um diesen Mangel auszugleichen.

Indessen schreibt ein Lehrer aus dem Jahre 1902 schon etwas hoffnungsvoller, denn er erzählt von Salat und grünen Bohnen zu den „Knötlen", von Ofen- und Rohrnudeln, vom Schwarzen Brei aus gedörrten und geschroteten „Kernen", von einem bis drei Schweinen, die jährlich je nach Hofgröße geschlachtet werden, vom täglichen Vesper mit Brot und Most, Käse und Rauchfleisch und von der bösen Sitte des Kaffeetrinkens, die so einreiße, womit aber wohl der aus geröstetem Weizen hergestellte Kaffee gemeint ist, oder mindestens zum größten Teil, denn „Kaffeebauhna" sind sogar heute noch ein Luxus für den Älbler, den er sich nur an hohen Festtagen genehmigt.

Aus den Berichten des Pfarrers und des Lehrers entnehmen wir die Steigerung, die die Eßgewohnheiten des Älblers inzwischen durchgemacht hat: von spartanischer Einförmigkeit zur langsamen Auflockerung und allmählicher Hinwendung zu den Erkenntnissen der heutigen Ernährungslehre. Die Entwicklung verläuft zögerlich und macht bei den Dingen Halt, die man nicht „selbst hat". In jeder Landschaft lebt der Bauer in erster Linie von den eigenen Erzeugnisse seines Betriebes, er ist froh, wenn er nichts dazu kaufen muss. Wenn man vom „bodenständigen" Bauern spricht, muss man auch an den Magen denken und daran, dass so ein Achtzigjähriger buchstäblich aus seiner eigenen Scholle heraus lebt und gelebt hat. Ein Teil des menschlichen Wesens wird ja von der Art seiner Ernährung mitbestimmt und ist somit auch auf diese reale Art ein Geschöpf seiner Landschaft.

Auf der Alb wächst Getreide und Gras, Obst und Gemüse gedeihen weniger, Wein überhaupt nicht, also nichts Feuriges, nichts Süßes, Leichtes und Aromatisches. Dafür gibt es Mehl und Schrot, Brot, Milch und Fleisch, eine brave und gute Grundkost. „Knöpfla" sind wohl auch heute noch die verbreitetste Speise: kleine Klöße aus Mehl, heißem Wasser und Salz. Diese Zutaten müssen in der Schüssel mehr gerieben als gerührt werden. Trotz der einfachen Zutaten – wenn man „aushausig" sein will, kann man ein Ei beifügen – ist es eine gewisse Kunst, den Teig so fertig zu bringen, wie er sein muß. Viele alte, überlieferte Küchenrezepte zeichnen sich durch eine gewisse Handfertigkeit aus, man muss Übung und Geduld haben, um essbare Knöpfle auf den Tisch zu bringen, sie dürfen nicht zu fest werden und müssen beim Kochen im Salzwasser langsam zur Oberfläche aufsteigen.
„A reachta Magd ond a reachts Knöpfle standet von selber auf" sagt man doppelbödig.

Daneben werden auch Spätzla gemacht, aber die Knöpfla sind, wohl wegen noch einfacherer Zutaten beliebter. Als Zugabe gibt es Sauerkraut, das „einzige Gemüs", das größtenteils von den Fildern bezogen wird. Im Herbst gehen die Filderbauern von Haus zu Haus und preisen ihre Ware an. Ihr langgezogenes Rufen „F-i-l-d-e-r-k-r-a-u-t" gehört unabwendbar zu den Herbstzeichen im Dorf wie der Dreschmaschinenklang und das Drachensteigen. Es heißt, der Älbler sei im Küchenzettel so phantasievoll: Wenn es einmal Knöpfla mit Kraut gegeben habe, dann gebe es den andern Tag Kraut mit Knöpfla. Inzwischen wird der Gemüseanbau mehr und mehr gepflegt, dann belebt auch einmal eine Süßspeise oder Kompott die Mahlzeit, es gibt Nudla, also Dampf- und Rohrnudeln in Form ungesüßter Hefeklöße,

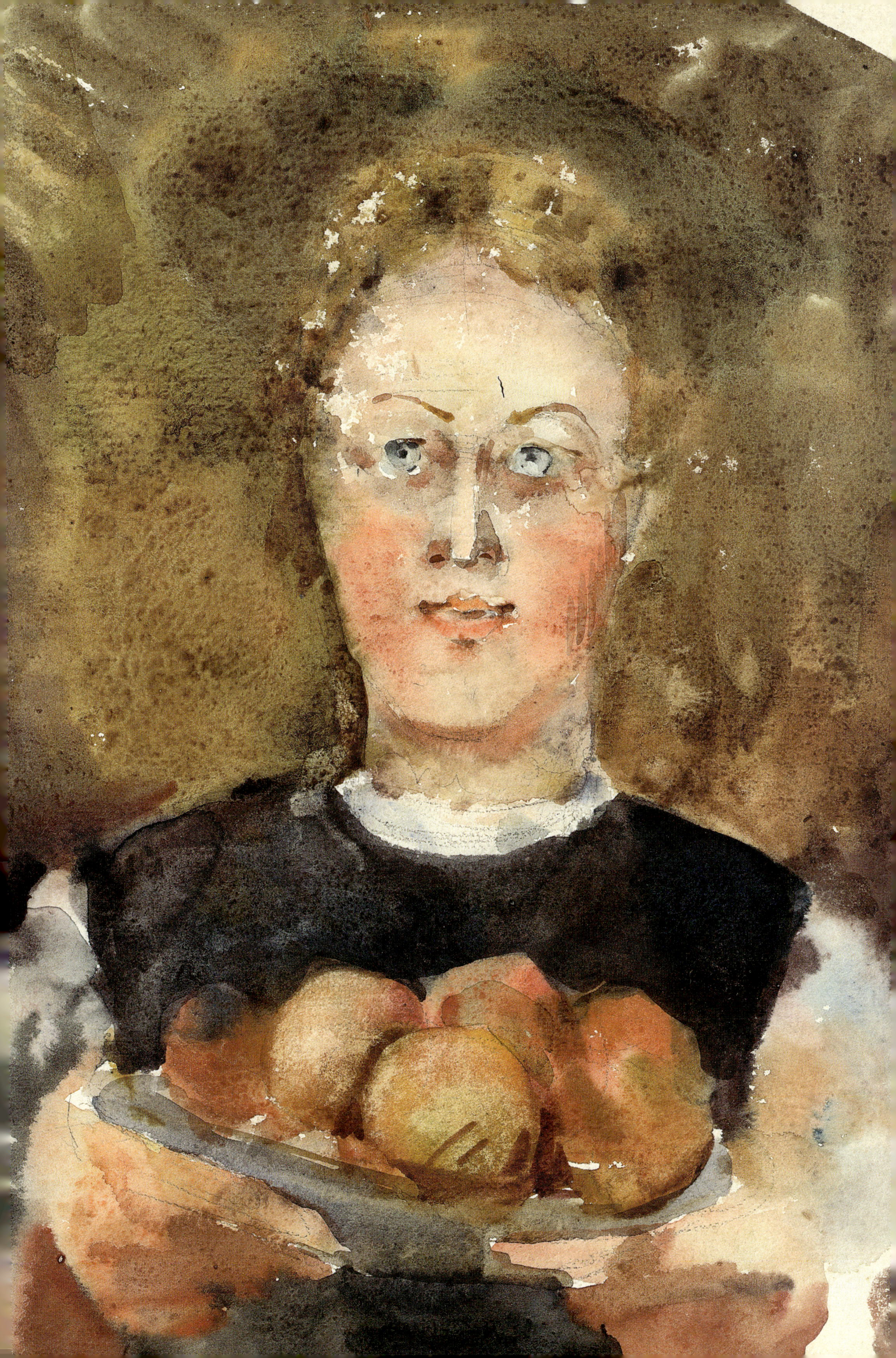

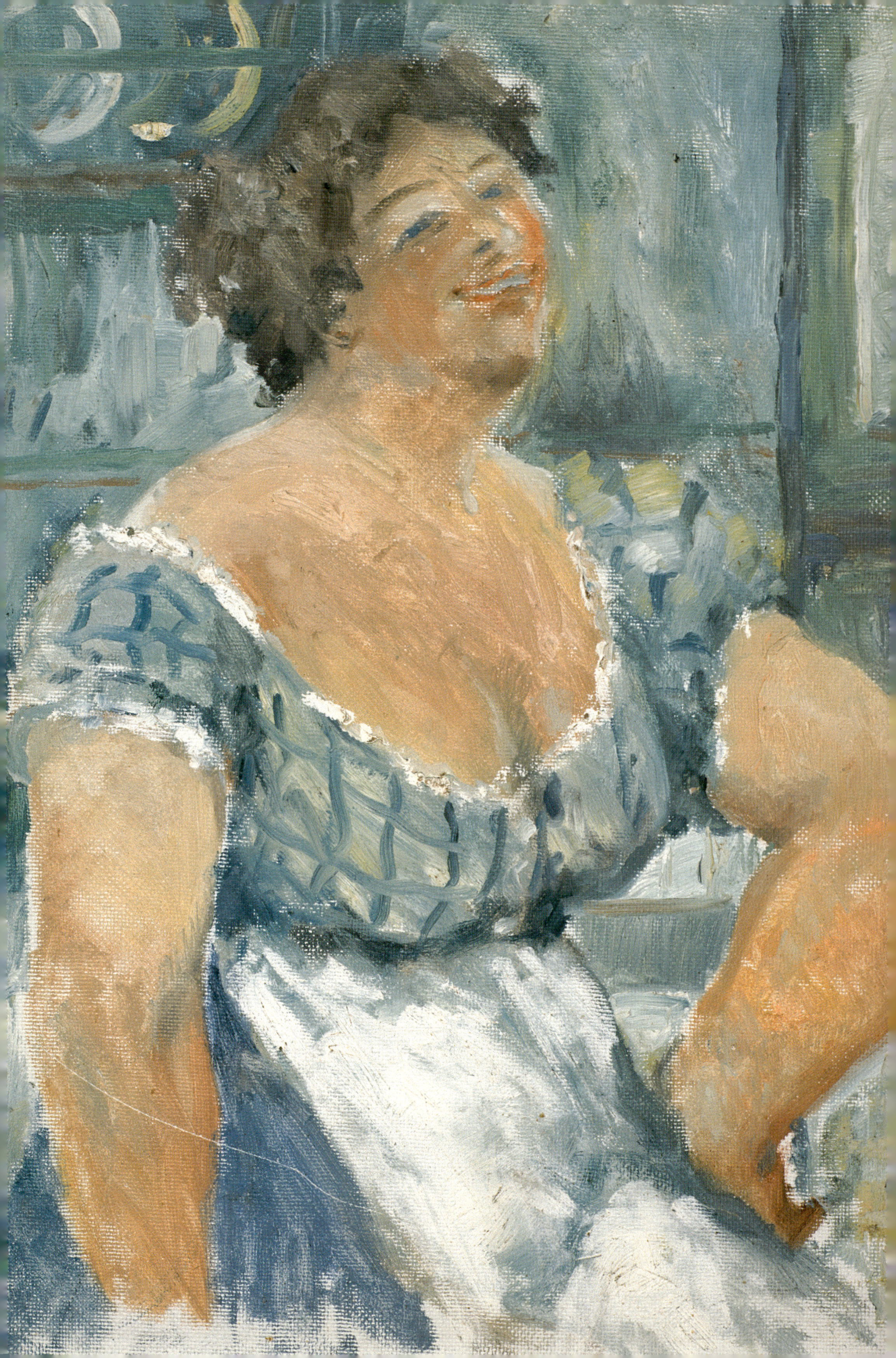

besonders in Merklingen und Umgegend bekannt, dem „Nudlagäu". wo es heißt – mit dem scharfen a der dortigen Mundart – : „Wenn ma halt Nudla hat, na hat ma halt gessa." Diese Nudeln gibt es dort praktisch den ganzen Tag, morgens und abends „in den Kaffee", denn „einbrocken" tut der Älbler mit Leidenschaft, in süße oder saure Milch oder in die Soße zum sonntäglichen Braten.

Vor dem Einbruch der „bösen" Kaffeezeit gab es ein rechtes und wehrhaftes Bauernessen, den „schwarzen Brei" aus gedörrtem und geschrotetem Dinkel, der kräftig braun gefärbt ist zum Unterschied vom „weißen" Brei für die kleinen Kinder. „Dui, wo koin schwarza und koin weißa Brei kocha ka, dui soll et heirata", das heißt, sie solle für Erwachsene und kleine Kinder Kochen gelernt haben. Der schwarze Brei war so nahrhaft, dass die Männer, die ihn genossen hatten, stundenlang auf dem Feld arbeiten konnten, ohne Hunger zu bekommen, besonders wenn eine gute Portion zerlassenes Butterschmalz darüber gegossen wurde. Man streute das „Musmehl" in kochendes Wasser und ließ es ausquellen. Dafür gab es in jedem Bauernhaus die „Breipfanne", die zusammen mit dem „Pfannenknecht" als Untersetzer direkt auf den Tisch kam. Das Fett kam darüber und man löffelte einträchtig aus einer Schüssel. Diese Zeiten sind vorbei, heute gibt es Kaffee oder Milch, jeder Esser bekommt eine große Tasse oder „Kaffeeschüssel" mit „Ohrlappen" daran und brockt ein, Schwarzbrot meistens, sonntags „mürbes Brot" aus Weißmehl mit Milch und Schmalz gebacken, früher eine ganz besonders festliche Sache, denn man hatte nicht viel Weißmehl. Einen „Hefenkranz" sieht man heute häufiger, früher gab es ihn nur zu Weihnachten, zur Konfirmation und ins Wochenbett. Feineres Backwerk kannte man nicht.

Der Schlachttag ist immer eine Freude! Wenn die „Sau" ihren letzten Schrei getan hat, wird sie zu Fleisch, Wurst und Grieben verarbeitet. Dazu hat man einen Hausmetzger bestellt, außerdem ist die ganze Familie nebst Anverwandten und Kindern auf den Beinen, um Speck zu schneiden, Schmalz zu sieden und dem Kessel ordentlich einzuheizen, in dem ein beträchtlicher Teil des nahrhaften Tieres gesotten wird. Alle können es kaum erwarten, bis etwas „weich" ist, man stupft immer wieder mit der Messerspitze ins Züngle oder sonst ein Stück. Endlich ist es so weit, dann geht es zum Essen, wo die Familie die ersten Leckerbissen zu sich nimmt, dazu gibt es Kraut, Brot und Most. Inzwischen hat der Metzger die ersten Würste gefüllt und gekocht, man kann „austragen". Nachbarn und Verwandte bekommen ein „Kännle" voll Brühe, worin ein Stück Kesselfleisch schwimmt und vielleicht ein „Würstle". Meint man es besonders gut, bekommen einzelne später noch ein Bratfleisch, wenn der Metzger abends zum „Aushauen" da war. So werden Familien, auch wenn sie selber nur ein- oder zweimal im Jahr schlachten, immer wieder mit Frischfleisch und Würsten versorgt.

Heute wird viel Rauchfleisch gemacht und „eingebüchst", denn man will es sommers bei der Feldarbeit griffbereit haben, ein Segen, den das technische Zeitalter mit sich gebracht hat. Viele Familien essen werktags in der Erntezeit nicht mehr warm, sondern vespern nur. Brot und Fleisch ist das Sommeressen, dazu natürlich Most, den man im Herbst aus Unterländer Obst hergestellt hat und dem viel Aufmerksamkeit geschenkt wird. Most ist keinesfalls gleich Most. Es kommt auf den Keller an, auf den gewissen Lagerplatz und viele andere Wichtigkeiten, über die lange und ausführlich debattiert wird. „Versuchet au unsern Moscht" ist die Einladung an Gäste, und man „büßt ein", wenn man da ablehnt. Auch aus Johannisbeeren wird süffiger und süßer Most gemacht, den die Frauen gerne mögen, aber er ist stärker als der Apfelmost. Als eine alte Bäuerin im Sterben lag, wurde sie von der Nachbarin erinnert, dass sie noch so viel „Träublesmoscht" im Keller habe und wer den dann trinken solle, wenn sie nicht mehr sei. Daraufhin sei die Alte aufgestanden mit den Worten: „Hoscht recht, i stirb et, i sauf'n selber!" Sie lebte noch lange.
Auch in den Dorfwirtschaften gibt es Most und es ist bekannt, dass er dort auch zum „Wein amacha" verwendet wird. Als ein Älbler einmal ein Viertele bestellte, wurde er gefragt: „Witt oin ohne Moscht – oder ganz ohne Moscht?" Er erwiderte: „Na brengsch mer lieber glei en Moscht, na woiß e gwiß, dass koi Wei dren isch!"

Die ältere Generation hängt noch sehr an ihrem gewohnten Most, es heißt er gebe Kraft. Die Jüngeren kommen davon ab. Der Süßmost führt sich ein, vermutlich auf den Einfluss der Landwirtschaftsämter und der Ernährungsberaterinnen zurückzuführen, die Kurse in Richtung neuzeitlicher Ernährung abhalten. Die jungen Töchter lassen sich gern beraten und verändern daheim vieles an alten Eßgewohnheiten.
Moderne und neonbeleuchtete Lebensmittelgeschäfte bürgern sich indessen langsam auf den Dörfern ein. Gemüse, Obst und sogar Fisch wird

regelmäßig von außerhalb geliefert, und der Arbeiter im Albdorf kann sich dem städtischen Lebensstandard angleichen und tut es auch. Der Bauer hält sich zurück. Für ihn ist so was immer noch ein „G´schleck", das nicht nährt und nur teuer ist, er kauft Süßstoff statt Zucker und steckt alles verfügbare Geld in den Hof, besonders in die Anschaffung von Maschinen. Daher ist der Ernährungszustand bei Bauernkindern oft schlechter als bei den Kindern derer, die „alles kaufen müssen". „Man kann an keinem Ding mehr sparen als am Häs und am G´fräß" heißt es da. Die alte Tradition großer Einfachheit sitzt trotz üppiger Schaufenster noch fest. Man fühlt sich an jenen Alb-Schultes erinnert, der eine Geschäftsfrau vor nicht allzu langer Zeit in Grund und Boden hinein verdonnerte, weil sie als erste im Dorf Schokolade führte: „Du verdirbst mir noch den ganzen Flecken mit deinem Schoklad´!"

Arme und Reiche

Ein junges Laichinger Hochzeitspaar, es sind schon einige fünfzig Jahre her, bekam von der Schwiegermutter einen bis zum Rand gefüllten Hafen mit Schmalz zur Hochzeitsschenke.
Die Geberin bedeutete aber der Braut, sie müsse sparsam mit dieser Gottesgabe umgehen und die Knöpfla dürften beim „Raischa" (Rösten) „grad no rutscha". Die Braut versprach's, aber die Alte traute der Sache nicht. Sie kam in den folgenden Wochen öfter vorbei, um zu kontrollieren. Ihre zugleich angstvoll wie drohend gebrauchten ersten Worte waren, wenn sie zur Türe hereinkam, nämlich „isch'r donta?" (= ist der Schmalztopf schon bis zum Grund geleert?) haben sich in der Familie bis zum heutigen Tag fortgesetzt.

Dies „isch'r donta" mit der ihm innewohnenden Angst vor dem Ende, vor dem Ausgehen und dann „Nichts-mehr-haben" kann für die damalige Zeit als typisch gelten. Die Weberlein waren bitter arm, sie lebten eigentlich von der Hand in den Mund und warteten winters, wenn ihr kleiner Heuvorrat fürs Vieh dahinschwand und der „Heuschreck" im Stadel saß, inbrünstig auf das Frühjahr, bis sie wieder an den mageren Rainen grasen und ein bisschen Futter holen konnten. Bares Geld besaßen sie oft monatelang keines, und man merkt der Ehrfurcht und Bedachtsamkeit noch ein wenig davon an, mit der auch der heutige Älbler mit seinem Geld umgeht. Das Wort „kaufen" wird meistens in Verbindung mit „müssen" gebraucht. „No muescht nex kaufa" sagt man, wenn man jemandem etwas schenkt, oder „die Leut, die älles kaufa müsset" – sind eigentlich schlechter dran – möchte man anfügen. Auch wird mit der gekauften Ware sehr vorsichtig umgegangen. „I han dei Hos' am Dill (Gartenzaun) hanga seaha, no han i g'moint, heut sei kei Schuel!", sagte einmal ein Schulerbüble zum Lehrer auf die Frage, wo es denn tags zuvor gesteckt habe. Der Bub konnte sich nicht vorstellen, dass der Lehrer auch noch eine Ersatzhose habe, und erzählte, es müsse daheim ins Bett, wenn seine Hose gewaschen werde.
Das ist vielleicht ein wenig übertrieben, aber doch nicht zu sehr, sieht man sich eines der windigen Häuslein an, die zwei Stuben und eine Kammer hatten, wo der „Pfannenstiel zur Haustür nausguckte", wenn man Küchlein backte und wo acht oder zehn Kinder aufwuchsen, – dann kann man sich wohl denken, dass sie nicht viel „Sach" hatten.

Auch die Bäuerin, die nichts umkommen lassen konnte und daher das goldene Wort prägt: „A'gschleckt wirscht, und wenn de no so zahblescht", als sie die Maus aus dem Rahmtopf zog, scheint von der Alb gewesen zu sein. Man reiste auch bescheiden in jener Zeit, musste man einmal in die Stadt nach Ulm oder Stuttgart oder Tübingen, dann band man ein Stück Brot in ein Sacktuch und wanderte zu Fuß.

„Reich werden" – das war ein Zauberwort, das viele Leute beschäftigt, den kleinen Mann auf der Alb aber, der nur „Ufäcker" besaß und damit keine „großen Sprünge" machen konnte, doch „hehlingen" zwickte und zwackte.

Wie viel Schätze sind doch in den verborgenen Höhlen und Schächten vergraben! Wie viel Höllenhunde sitzen auf Geldkassetten, und wer das Zauberwort weiß, der kann den Hund verjagen und die Taler bekommen. Wie viel alte Ritter und Edelleute suchen nachts mit Laternen nach vergrabenen Schätzen und wer das „Regenbogenschüssele" findet, das an der Stelle liegen soll, wo der Regenbogen auf der Erde aufsteht, der bleibt reich sein Leben lang. (Es ist dies eine kleine keltische Goldmünze, die am Rand aufgebogen ist wie ein Schüsselchen.)

Inzwischen sind die Älbler allgemein wirtschaftskräftiger geworden. Die Einführung des Kunstdüngers hat die landwirtschaftlichen Erträge gehoben, und die ehedem so starken Gegensätze zwischen kleinen und großen Bauern gleichen sich durch Industriearbeit aus. In einem Dorf der mittleren Alb helfen zwei Drittel aller Bauernbetriebe ihrem Bargeldbestand durch Nebenarbeit in der Industrie auf, die allerdings nur „pendelnd" erreicht werden kann. Eine Stuttgarter Baufirma zum Beispiel holt die Arbeiter kostenlos jeden Morgen zur Arbeitsstelle und bringt sie abends wieder zurück. Das mag in anderen Dörfern mehr oder weniger der Fall sein, je nach der Zahl der Kleinbauern. Diese arbeiten alle noch nebenher und bringen dabei ein gutes Stück Geld heim. Es reicht jedenfalls dazu, die Landwirtschaft nach und nach zu technisieren, so dass sie nach Feierabend oder von der Frau bewältigt werden kann. Aber das sind Erscheinungen, die im Grunde überall auftreten, nur treffen sie auf der Alb einen

Grundzug, das Sparen und Hausen, das Schaffen und Reichwerdenwollen. Die Landschaft brachte es mit, dass der Fleiß die oberste Moral sein musste.

Sparsam sind sie im Grunde alle geblieben. Es gibt zwar den Unternehmertyp, der früher von zwei Geißlein, zwei Wiesen und zwei Äckerlein lebte und heute fünf Lastwagen laufen hat, die Söhne studieren lässt und die Töchter mit Autos und Pelzmänteln versieht – aber er bleibt eine Einzelerscheinung. Zahlreicher sind die „hehlinga" Reichen, die viel haben und es nicht wissen lassen wollen, daher nach außen sparsam, ja „interessiert" sind, wie man auf der Ulmer Alb mit einem vornehmeren Ausdruck für geizig sagt. „Die gonnt (gönnen) koiner schreiiga Katz nex" heißt es über sie, oder sie zählen „den Mausdreck zom Kemmich" (Kümmel). Meist sind es gerade größere Höfe, die auf solche Weise im Munde der Leute sind, und es scheint, als gehe auch hier, wie so oft, mit dem Gefühl des Besitzes eine gewisse Herzenskälte einher. Das darf aber nicht verallgemeinert werden. Es gibt genug freigebige und sogar überquellend gutmütige und herzenswarme Menschen auf der Alb, die auch um ein „Vergelt´s Gott" helfen, wo es Not tut, selbst wenn sie nicht mit zeitlichen Gütern gesegnet sind. Schenken lässt man sich ungern etwas, es ist gute Bauernsitte, dass man „wettmacht", wenn man etwas entgegengenommen hat, besonders auch den „Herrenleuten", Pfarrer, Lehrer usw. gegenüber, wo oft schon ein guter Rat oder ein freundliches Wort einen Brotlaib, ein Kännle Milch oder ein paar Eier als Gegengabe auslöst, ohne dass dies je beabsichtigt wäre. Eine Ablehnung würde als Beleidigung angesehen, wogegen der Zuspruch eine Ehre bedeutet.

Eine große Sache ist das Schenken an Konfirmationen. Dem Konfirmanden muss man „etwas ins Haus tragen", Bauern untereinander geben Geld, die nichtbäuerlichen Familien dürfen sich eines reichen Segens an Lebensmitteln erfreuen. Auch das Ansehen nach außen spielt beim Geldausgeben eine gewisse Rolle. Wer auf sich hält, ist im Wirtshaus nicht ganz kleinlich und lässt auch unterwegs, etwa auf einem Ausflug, etwas springen. Allerdings ist die Geschichte, die man sich von einem Ulmer Alb-Bauern erzählt, der, wenn er in der Stadt Vieh verkauft und Geld im Sack hatte, auf dem Ulmer Judenhof den gesamten „Häfelesmarkt" niederritt, die zeternden Marktweiber bar auszahlte und anschließend die Regimentsmusik von der „Wilhelmsburg" holte, um ihm aufzuspielen, diese Geschichte ist für die Alb und besonders für das „Doraschlaihagäu" ein unglaubhafte und schreckliche Mär. Man einigte sich darauf, dass dieser „Kerle" wohl einige Spritzer „anderen" Blutes gehabt haben müsse.

Sauberkeit und Ordnung

Man sagt, die Älblerinnen putzten ihre Fenster dreimal in der Woche, staubten die Dachziegel auch von innen ab und bliesen ihre Tennenböden aus, dass man darauf vespern könne. Mag dem sein, wie es wolle, mag es Ausnahmen geben, mag auch die neue Zeit mit ihren hoch bezahlten Stunden dem stillfröhlichen Sauberkeitsbedürfnis entgegenstehen, die peinliche Ordnung und Reinlichkeit ist zweifellos ein überaus charakteristisches Merkmal der Frau und daher auch des Mannes von der Alb. Sie legen Wert auf das äusserlich wohlgeordnete Leben, sehen darin ein gewisses menschliches Höherstreben und fühlen sich überhaupt nicht wohl in einer unordentlichen und unsauberen Atmosphäre, äußerlich nicht und innerlich ebenso wenig, wobei es noch unklar ist, welche Messlatte angelegt wird. Ihre Gepflogenheit halten sie aufrecht, wenn sie anderswohin kommen, in ein Dorf etwa, wo man nicht so streng darauf hält und vielleicht spottet oder gar schilt, dass man seinem Haushalt so viel Zeit gönne. Blanke Fensterscheiben, weiße Gardinen, gepflegte Fußböden und Blumenschmuck an den „Kreuzstöcken" gehören zum rechten Albhaus ebenso wie blendend helle Wäsche an der Leine und das seifenduftende gefaltete Taschentuch neben dem Gesangbuch am Sonntag.

Wie bekannt ist, hatte die Alb bis gegen das Ende des vorigen Jahrhunderts kein frisches fließendes Wasser und keine Wasserleitungen.
Man musste dort also mit dem Haushaltswasser sehr sparsam umgehen. Hat das nun für oder gegen die Sauberkeit gewirkt? Waren die Leute schon vorher sauber oder sind sie es erst durch die Albwasserversorgung geworden? Eine alte Bäuerin erzählte einmal, sie könne sich noch denken, wie ihr Großvater, als er alt gewesen sei und man ihm das Waschwasser gebracht habe, immer nur um eine „Bodendecke" Wasser gebeten habe, soviel Wasser also, dass gerade der Boden der Schüssel bedeckt war, die sie ihm gebracht habe. Mit diesem bisschen Wasser habe er sehr sorgfältig nacheinander Gesicht und Hände gesäubert und hinterher drum gebeten, ja das Wasser dem Apfelbaum zu geben, der im Gärtchen stand. Damals habe man schon die Wasserleitung gehabt, nur der „Eahle" habe sich nicht mehr daran gewöhnen können und noch getan, wie in seiner Jugend.

Damals musste auf der Alb noch „ins Wasser" gefahren werden, weit hinunter ins Tal zu den Quellen des Albrands, von wo das seltene Nass in Fässern auf die Hochfläche befördert wurde. Das kostete natürlich Geld, besonders für die, die nicht selbst Gespanndienste leisten konnten. Manchmal waren die Preise für ein solches Fäßle Wasser recht hoch, denn es wurde, wie mit so vielen Nöten, auch mit dieser Schwindel getrieben. Es musste also jeder Tropfen gespart werden. Der Gedanke liegt nun nahe, die Älbler seien vor lauter Freude über das schöne Wasser, das aus den kupfernen Hahnen in ihren Küchen floss ab 1876 so sauber geworden. Niemand könnte es ihnen übel nehmen, wenn sie es vorher nicht so genau genommen hätten. Indes die Sauberkeit steckt doch zu sehr im Blut der Älblerinnen, als dass sie so jung sein könnte. Wahrscheinlich ist sie doch wesentlich älter als die Albwasserversorgung und sogar mit dem Wassermangel fertig geworden. Vielleicht hat sie auch letzten Endes mitgeholfen, dass nach vielen Kämpfen „das Wasser" doch den „Berg hinaufffloss", worauf die Gegner der Albwasserversorgung sich ja immer berufen hatten.

Der alte Großvater, der Sonntag nachmittags am strahlend weißen Vorhängchen in einer geordneten Stube sitzt, die Bibel und die Zeitung schnurgerade nebeneinander auf frisch gebügelter Decke liegen hat und dem Most im Krug und dem „mürben" Brot zuspricht, ist genau so ein Bild der Alb wie samstags die besen- und bürstenschwingende Bäuerin, die Hof und Haus und alle Stuben mit Seifenbrühe bearbeitet. Ein wenig ist, wir sagten es schon, die Grenze der Gemütlichkeit überschritten und Frauen wie Männer werden zu Sklaven ihrer eigenen Geordnetheit. Das soll aber die Bewunderung nicht schmälern, die viele empfinden, wenn sie „schmecken und sehen", dass vom Stall bis zur Bühnenkammer wachsame Augen und fleißige Hände jenen Zustand bedachtsamer Behaustheit schaffen.

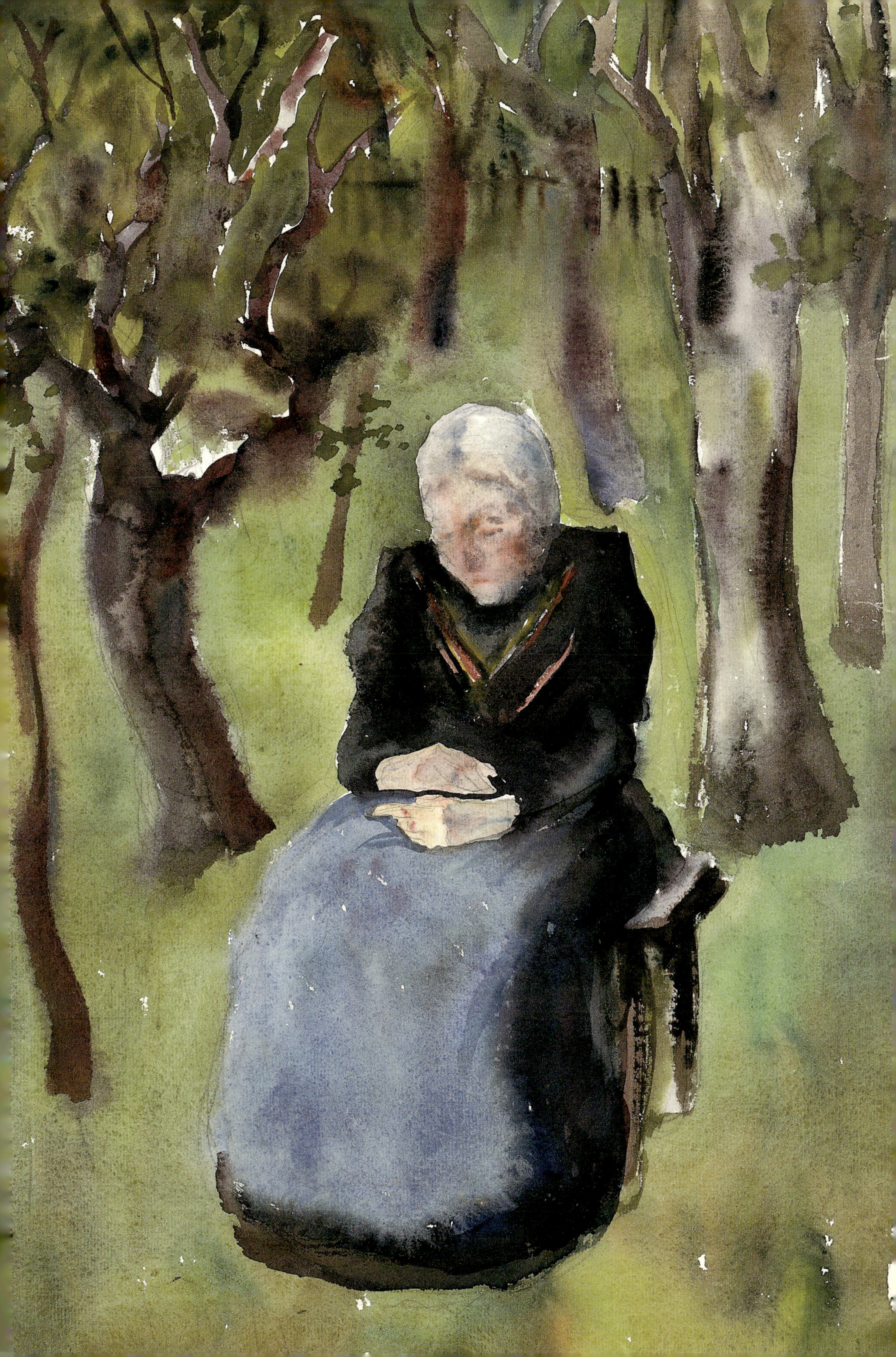

Sprechweise und Namengebung

Über Mundart sollte man gar nicht schreiben müssen, man sollte ihr einfach lauschen, lauschen auf die alten, das Ohr entzückenden, sprachkräftigen Laute:
auf das schöne ui in Fluig (Fliege), knuila (knien), dui fluicht (die fliegt), schui (scheu), Schuir (Scheuer), Fuir (Feuer), huir (heuer), dui luigt (die lügt), nui (neu), duir (teuer), ´s zuit (es zieht). Man höre auf das ai, das mitunter an die Sprache des Nibelungenliedes gemahnt, in g´sait (gesagt), dui trait (die trägt), dr Schnai (der Schnee), waia, se hot g´waiat (jammern, von wehtun, sie hat gejammert), Klaia (Klee), maih (mehr) und das au in verlaura (verloren), Auhra (Ohren), Austra (Ostern), St. Mauritza (St. Moritzhof bei Albeck), Rauhrnudla (Rohrnudeln) usw.

Man würde bald inne werden, dass Mundartsprechen nicht Maulfaulheit ist, wie so oft gemeinhin behauptet wird, sondern dass diese Albsprechweise vielseitiger, ursprünglicher und lautreicher ist als die Hochsprache, die sich ja viel später erst aus den Mundarten entwickelte.

Das Albschwäbisch ist noch so frisch und wirkt unverfälscht, man schämt sich seiner nicht, man ist im Gegenteil stolz darauf und bemüht sich nicht umzulernen, mindestens nicht im gewohnten Umfeld. Nichts ist ja auch so schwer, als von der Sprechweise zu lassen, die man mit den ersten Mutterlauten aufgenommen hat. Entgegen verschiedener anderer Einflüsse will der echte Älbler so und nicht anders sprechen, er findet fremde Laute sonderbar oder gar komisch und kennt alle Bewohner der umliegenden Dörfer an kleinen sprachlichen Besonderheiten, die er gern scherzhaft nachahmt. Er will so reden wie sein Dorf redet und sich dadurch als Zugehöriger dieses Dorfes ausweisen. Das ist wichtig, weil er ähnliche Absichten z.B. bei der Tracht nicht mehr hat, und lässt manchen Optimismus in bezug auf das Mundartliche zu. Ein „schwäbisches" Laienspiel, das man bei einem Verlag bezogen hat und aufführen will, wird während den Proben bewusst und auch unbewusst in die Ortssprache umgesetzt. Ein Vereinsvorstand erklärte dies auf diese Weise, im Büchle stehe „Faischter", so sage man aber bloß in Laichingen und wenn man in unserem Dorf plötzlich auch Faischter sagen würde, müssten die Leute lachen, denn hier heiße es „Feaschter" und nicht anders. Wie viel dörfliches Selbstbewusstsein liegt darin und welches Zusammengehörigkeitsgefühl: Wir sind die Leute von der „Feaschter" Zunft und ihr sollt kein hereingeschmecktes „Faischter" neben euch dulden!

Die Fachleute haben einige feste Mundartgrenzen durch die Karte der mittleren Alb gezogen. Sie trennen den langgesprochenen „Hohd" vom kurzen „Hond" (Hund) in Sand, Kind, Wind, Platz ist´s dieselbe Sache. Sie unterscheiden Gara, Kora, Wura, Hora und Dora von Garn, Korn, Wurm, Horn und Dorn. Sie wissen, dass die Donnstetter, Zaininger oder Böhringer „eus" sagen statt „uns", sie stellen fest, dass sich in Feldstetten die „Städel" mit den „Scheuern" mischen und von da ab je getrennt nach Ost und West marschieren. Ausserhalb dieser Grenzen hat aber noch jedes Dorf sein eigenes, natürlich nur gedachtes, Mundartringlein auf der Karte um sich selbst herum, denn kein Dorf spricht genau wie das andere.

Wieviel Neckereien gehen hin und her wegen dem „G'schwätz!" Diese Frau muss von dem Dorf sein, wo sie das „Ferldwegl" sprechen, ja, einige Dörfer, dem Blautal zu gelegen, sagen „karlt" statt kalt und „Harls" statt Hals und „Hausharlt" statt Haushalt. Diese Frau sagt „fehrtig" statt „fetteg" – die kann nicht von hier sein. Doch, sie ist „von hiea", denn ihre Mutter hat hereingeheiratet und ihr „fehrtig" als festes Heiratsgut mit in die Ehe gebracht und an die Kinder weitergegeben. Denn „hiah" sagt man „fetteg", ja eigentlich „fettek" mit einem fast schlesischen k am Ende, man sagt auch „sparek" (sparsam), „schaffek" (schaffig), „grattlek" (grattlig, kommt von Grattel-Schritt, es gibt auch „sich vergrattla", die Beine übermäßig spreizen), „schlattlek" (schlattlig, unbeholfen, lang aufgeschossen) und „gattek" (gattig, ordentlich, gerade). Aus der Endung ig wird sehr oft ein ag. So schellt der Büttel z.B. „billage Säu" aus. Aus der alemannischen Ortsendung „ingen" wird ein „angen" Wittlanga, Bempflanga, aber es heißt wieder Böhrenga, Vöhrenga und Loichna (Laichingen).

Das Ulmer Land überrascht mit rascheren, kürzeren, schneller und stärker gesprochenen Lauten, mit einem kurzen harten a, mit Dörfern, wo es „roate Haur" gibt und eine „Kroa" statt roten Haaren und einer Krone.

Die Sprache der „Weberla" ist langgezogen, dünn, mehr gesungen und gedehnt, oft ein kurzes knappes „Ja", während der Laichinger ein ellenlanges „Joooo" liebt und auch mit dem „g´heeet" nicht so bald wieder aufhört. Im Ulmer Land backen die Frauen „Platz" (Obstkuchen) und in Laichingen „Plaaatz" – es ist, als ob der ewige Hochflächenwind dort oben die Vokale auseinanderbliese. Schon in Feldstetten und weiterhin dem Neckartal zu wird der „Platz" wieder kürzer (kizer) – auch wenn es ein „Kischaplatz" (Kirschkuchen) ist. Ja, wer kennt sich in diesen Geheimnissen aus! Versuche, sie zu entwirren, führen oft noch mehr ins Dickicht. Drei bestimmte Dörfer, weiß man, haben geschichtlich dieselben Schicksale gehabt, seit sie überhaupt erwähnt sind. Reden sie deshalb alle drei gleich? Lässt sich von der historischen Seite her etwas erklären? Nein. Gerade zwischen diesen drei Dörfern geht eine der stärksten Sprachgrenzen durch. Es bleibt nicht viel anderes übrig, als die Tatsache festzustellen: so ist´s. Das Warum wird uns verborgen bleiben. Wir müssen uns an der Albmundart erfreuen wie an einem bunten Blumenbeet und jedes der herzerfrischenden Blümchen einzeln betrachten.

Aber auch einer ganzen Reihe von Resten altertümlicher Wortfamilien müssen wir gedenken. „Jo wäger" sagt der Älbler zur Bekräftigung, und „jao" heißt „doch" bei ihm. „Verlickera" tut ein Kind, wenn es von dem Verhalten der Erwachsenen etwas übernimmt. „Aftermentig" heißt bei alten Leuten der Dienstag, „mr hot em Bottschaft dau" – man hat ihm Botschaft getan, d.h. eine wichtige Nachricht überbracht. Es gibt „dia zwea Ochsa, dia zwue Küha und zwoi Kälbla" das Zahlwort „zwei" wandelt sich mit dem jeweiligen Geschlecht des Hauptworts, wogegen die nächste Zahl drei unverändert bleibt. „Hauffärtek" (hoffärtig) ist eine eitle Frau oder eine, die hoch hinaus will. Dieses Adjektiv wird eher in der negativen Form gebraucht, wenn etwas ärmlich ist, ist es „et grad hauffährtek". Zum Himbeerenpflücken geht man „en d´Hengala", ein Kater ist ein „Rälleng", ein hinterhältiger Mensch ein „Wullener" (Wollener, Pelziger, Haariger). „Vr´neffa" ist sich gereizt fühlen, ein „Waihtag" (Wehetag) ist ein Lausbub oder auch ein „Fetz", ein „Auwärter" ein Maulwurf und „Molla" sind Engerlinge. Im Ulmer Land bekommt das Vieh „G´sit" und in Laichingen „Brühts" zu fressen, daher gibt es hier den „G´sitkrätta" und das „G´sitsställe" und dort den „Brühtskrätta" und das „Brühtsställe". Die Frauen müssen beim Stricken das „Drom" haben, das Fadenende. Man sagt dies auch im übertragenen Sinn, wenn einer einen Brief schreiben muss z.B.: „r´ hot´s Drom no et." Der Gartenzaun ist in Laichingen das „Dill", „zäunte Wänd" haben die alten Häuser, die aus Reisig geflochtene und mit Lehm verschmierte Riegelwände aufweisen, die auch „Krättamacherswänd" genannt werden. „Gähwenda" sind Schneewehen. Das Hackmesser für das Reisig heißt im Ulmer Land der „Schnauba" und auf der Laichinger Alb die „Hop", in Ruggerichtsprotokollen Happe genannt. „Greachtta" oder „g´reatmache" heißt abends in Stall und Stadel arbeiten. Dafür haben die Frauen den „Greatmachschuuz". Das „Schweabala" läuft so nett von der Zunge, obwohl oder weil es ein neueres Wort ist und Schwefelhölzchen bedeutet. „En d´Ke(n)dbette komma" heißt ein Kind bekommen, „auf d´Weiset" oder „Weisnet" gehen die Wochenbettbesucherinnen und „Spennawitta", Spinnweben, sollen das Blut stillen. Überall, wohl auf der ganzen Alb, tut man „baurawerka" – eine Landwirtschaft „umtreiben".

Man könnte diese ganz zufällige Reihe bildhafter Albwörter noch beliebig vermehren, aber sie soll als Kostprobe genügen. Wir wollen ihnen allen ein langes Leben wünschen!

Mehr mit der Zeit gehen die Vornamen. Aus pietistischem Bereich stammen lange Reihen biblischer Vornahmen: David, Jeremias, Daniel, Ezechiel, Adam, Jakob, Jonas, Matthäus, Johannes (Hans), Caspar, Martin, Michael, Ulrich (Ure), Agnes (Anges) Katharina (Kätterle, Kathree), Christine, Margarete und Rosine (Rösle). So heißen heute noch die Alten und auch einige Jüngere, die ihnen „nachtäuft" sind. Doppelnamen waren früher ebenfalls beliebt: Anna Barbara (Annebäbel), Anna Maria (Annamei), Elisabeth Margarete (Lisegret). Nett war die Form Engele, Engla für Angelika. Johann Georg, Hansjörg ist für einen Bauernerben sehr häufig, auch heute noch. Hans wird überhaupt der häufigste Männername sein, während sich die Mädchen Anna und Maria teilen. Die Jahrgänge 1918/1928 heißen aber nun auch Alfred, Willi, Hermann, Walter, Elsa, Martha, Ruth, Helene usw. Bei diesen Namen lassen sich oft Vorbilder feststellen, Lehrer, Pfarrer und sonstige angesehene Persönlichkeiten vererben ihren Vornamen auf dem Land. In einigen Dörfern war es auch Sitte, dass jeweils der erste Täufling nach dem Einzug eines neuen Pfarrers nach diesem, bzw. nach seiner Frau genannt wurde. So kommt es, dass plötzlich ein Albbauer mit dem Namen Theodor herumläuft, was bestimmt im

Dorf nicht bodenständig ist, in den Sprachgebrauch aber alsbald unter „Tedor" aufgenommen und in der Dynastie dann als „Tedor-Hans" oder „Tedor-Lina" weitergegeben wird.

Schäfer tauften ihre Töchter gern Rebekka. Monarchen haben ihre Spuren hinterlassen, die Wilhelme und die Friedriche und hie und da eine Charlotte, die dann als „Scharlott" oder „Lotta" weitergeistert. Auch das Dritte Reich hat einige Horste und Adolfe gestiftet und der nordische „Tick" ist in Sieglinde, Gudrun, Helga vertreten. Neuerdings sind es die Filmschauspieler, die namengebend wirken, so hat sich zum Beispiel in jünger Zeit ein Orson in einem alten Bauerngeschlecht als Vorname eingeschlichen. Es muss betont werden, dass solche Vorkommnisse Einzelerscheinungen sind und der gute alte Hans und die Marien und Annen doch immer noch in der Überzahl sind.

Geschlechtsnamen werden in der Mundart nicht gebraucht. Da das ganze Dorf „du" zueinander sagt, gelten nur die Vornamen. Gibt es deren mehrere, so macht sich die dörfliche Sprechweise ihre eigenen Unterscheidungsmittel zurecht. Diese sind verschiedener Art. Sie können sich auf den Vornamen des Vaters beziehen, der dann vorausgenannt wird, der Sohn Hans eines Michael wird zum Michelhans. Hat dieser Hans wieder einen Sohn Peter, so ist's der Michelhansapeter, das kann so gehen „bis ins dritte und vierte Geld". „Michelhansapetersjakobskarle" ist nicht allzu übertrieben. Ähnliche Formen gibt es und werden ganz natürlich und zungenfertig und nicht etwa im Scherz angewandt. Ein anderes Unterscheidungsmittel ist der Beruf: Schneiderludwig, Schuhfrieder, Holzchriste, Wanglerbäbel (Wangler, Wagner, Stellmacher), Molkerbaste. Diese Namen vererben sich lang und sind auch dann noch im Schwang, wenn der betreffende Berufsinhaber längst zu den Ahnen eingegangen ist. Ein Ortsfremder verliert die Orientierung, wenn er z.B. meint, der Name Schuhhans deute auf einen noch tätigen Schumacher, so kann er fehl gehen. Vielleicht ist sein Groß- oder Urgroßvater einmal einer gewesen.

Bei Wirtsfamilien ist der Fall einfach, da heißt es Lammhans, Ochsenkarle, Kronamarie, Löwafrieder. Größere Bauernanwesen haben ihre Hausnamen: Kirchenbauer, Schlossbauer, Hülenbauer, Herrenbauer, Pfarrbauer, Lindenbauer, Schulzenbauer usw. Diese Namen, die sich sehr oft auf die Lage des Hofes beziehen, weisen im guten angesehenen Albort die Herkunft aus: Der Lindenbauer von S., das ist schon etwas, den kennt jeder in der Umgebung so gut wie seine Leute, Lindenbauers Hans und Lindenbauers Marie, auch Lindenhans und Lindenmarie genannt. Das sind die Hausnahmen, zu denen ehemals auch das Hauszeichen gehörte, Pflugschar, Wolfsangel, Schäferschippe etwa zusammen mit den Initialen des „regierenden" Bauern.

Eine besondere sprachliche Köstlichkeit sind die Übernamen, „Onama", Unnamen genannt. Die Dorfleute schießen ja untereinander gern ein wenig mit Pfeilen aufeinander, das geht sehr geschwind, wenn es auch nicht bös gemeint ist, aber hängen bleibt es. Eine kleine Besonderheit, eine Ungeschicklichkeit, ein lustiger Vorfall, schon ist die Familie auf Generationen mit einem Übernamen geschmückt. Ein kleiner Bub lernt bei seinem Großvater das Laufen. Da es von der Stube in die Stubenkammer eine kleine Schwelle, einen „Trippel" hat, man sagt auch „der Haustrippel" zur häuslichen Schwelle, sagte der Alte jedes Mal „Hopsa!", wenn er mit dem Kleinen drübersprang. Aus dieser Kleinigkeit ist die Hopsadynastie entstanden: der Hopsakarle, der Hopsapeter, die Hopsalisabeth.

Einer möchte gerne reich werden und spricht oft davon: der Millionagottlieb. Ein anderer erzählt viel vom Krieg: dr Kanonahannes. Ein kleiner Mann hatte in seiner Jugend nah am Wasser gebaut: dr „Pfarrgaßplairer" (er heulte, plairet, in der Pfarrgasse herum). Ein anderer Lausbub ist der „Winkeleskönig", er rennt viel in den Winkeln herum. „Durch d'Winkela" kann man in jedem Dorf gehen, wenn man eingeweiht ist, also zwischen Häusern und Ställen hindurch unter Vermeidung der Wege und Straßen gehen. Kinder tun das besonders gern. Der „Winkeleskönig ond sei Bodagsaich!" Daß einer als „gestandener" Mann von den Dorfkameraden noch darauf angeredet wird, dass er zu dieser Kumpanei gehört habe, passt durchaus zur Mentalität des Älblers.

Glaube und Aberglaube

Alle Bräuche, die sich um Kirche und Gottesdienst ranken, sind überall noch lebendig. Dorf und Kirche sind eine untrennbare Einheit, sie leben und sterben zusammen. Eine landwirtschaftliche Siedlung kann wie ein Industrieunternehmen ohne Kirche sein, ein Dorf im alten Sinn kann es nicht, die Kirche ist sein Herz. Durch sie pulsiert das eigentliche Leben.

„Man" geht also sonntags in die Kirche. Von jedem Haus schickt „man" mindestens eines oder zwei Familienmitglieder und die Daheimgebliebenen kochen derweil. „Man" geht auch zur Hochzeit mit und zur „Leich", es ist unbedingt Sitte, dass „man" als Dorfbewohner am Leben und Hingang aller Glieder teilnimmt. Es ist etwas Schönes, wenn die Kirche bis zum hintersten Platz besetzt ist, weil etwa ein junges Paar in der Mitte der Gemeinde eingesegnet wird. So wie es bedrückend ist, wenn das Geleite klein und die Kirche, ja, fast leer ist, weil ein Brautpaar aus fremden Gegenden heiratet. Warum also wird ein Brautpaar zur Kirche geleitet? Etwa um Segen für seinen Weg zu erbitten? Um Gelegenheit zu eigener Andacht und Stärkung für die eigene Ehe zu erfahren? Dazu müsste das Hochzeitspaar nicht einheimisch sein. Es gibt keinen anderen Grund als den, man tut es des Brauches wegen, den Leuten zuliebe.

Der sonntägliche Gottesdienst ist meist recht gut besucht. Es fällt auf im Dorf, wenn eine Familie sich dieser Pflicht entzieht, sie wird auch meist mehr oder weniger zartfühlend darauf hingewiesen. Ist wenigstens ein Vertreter der Familie anwesend, dann ist alles gut, auch wenn er schläft und mit ihm noch ein paar. Die übermüdeten, angestrengt und schwer schaffenden Albfrauen packt der Schlafreiz ganz besonders während der Kirche, und das erinnert an alte Zeiten, wo der Büttel um zwei Kreuzer pro Sonntag mit einer langen Stange während der Predigt umhergehen musste, um die Eingenickten zu „stupfen", so dass sie das „lästerliche Schlaffen" wieder bleiben ließen. Es gibt sicher manches Weiblein, das zeitlebens jeden Sonntag in die Kirche geht und darin viel verschläft – selig sind die Friedfertigen. Sie sind nicht in der Mehrzahl. Der größere Teil versucht aufzupassen, und der größere Teil bringt es auch fertig. Es gibt eine ganze Reihe von Sinnierern und Kritisierern, Männer besonders, die dann abends im Wirtshaus die Predigt kommentieren und ziemlich gut merken, welches Vorkommnis im Dorf der Geistliche mit diesem oder jenem Hinweis gemeint haben könnte.

Die augenblickliche Tendenz der jungen evangelischen Theologen, lebensvoll zu sein und mit allen Dingen Kontakt zu suchen, fällt beim Albbauern nicht immer auf glücklichen Boden. Der Pfarrer solle sich nicht in alles hineinmischen, heißt es da etwa, es gebe auch Dinge, die ihn nichts angingen. „Des g´hört et auf d´Kanzel" sagen die Leute. Sie wollen Kirche und Leben getrennt sehen. Man gibt dem Pfarrer und seiner Lehre eine Stunde in der Woche, man lässt sich taufen, konfirmieren und trauen, man spricht auch Abend- und Morgensegen, aber das übrige, da soll er nicht dreinreden, das versteht der Bauer „besser". Vielfach wird der Pfarrer als lästiger Mahner mit stets aufgerecktem Zeigefinger empfunden.

Darüber seien aber nicht vergessen die eigentlich Frommen, die wirklich Gläubigen, die den Sauerteig in der Gemeinde ausmachen, stille und friedliche Leute, denen die Augen leuchten und die es fertig bringen, aus ihrem Alltag alles Unversöhnliche zu verbannen. Man fühlt es, wenn man in ein solches Haus kommt, die ganze Atmosphäre ist anders als nebenan. Es wird nicht geschimpft und gelästert, sondern es scheint, als hätten die Leute etwas von der großen wohl christlichen Idee der Gewaltlosigkeit begriffen. Vielfach gehören sie den Gemeinschaften an, die es im Altwürttembergischen als Begleiterscheinung der evangelischen Kirche noch immer zahlreich gibt, Alt- und Neupietisten, Hahn´sche Gemeinschaft, Methodisten, Nazarener und anderen, eben den „Stundenleuten", die so viel am Gesicht der mittleren Alb mitgeformt haben.

Unvergesslich ist mir eine Autofahrt durch viele Albdörfer am Konfirmationstag, unvergesslich die festlichen Laubengänge von aufgeputzten Tannenbäumchen vor den Kirchentüren, aus denen weiße Papierröschen märzlich leuchteten. Was für ein wichtiger Tag ist auf dem Albdorf die Konfirmation. Wochenlang wird geputzt und gebacken, wochenlang vorher gehen die Konfirmanden selbst „ins Tannenreis" und „ins Immergrün", sie flechten Girlanden und binden Sträuße und jeder Jahrgang will das Gotteshaus am allerschönsten geschmückt haben. Wer indes bei diesen Tannenreisgeschichten genauer hinhört, der bemerkt,

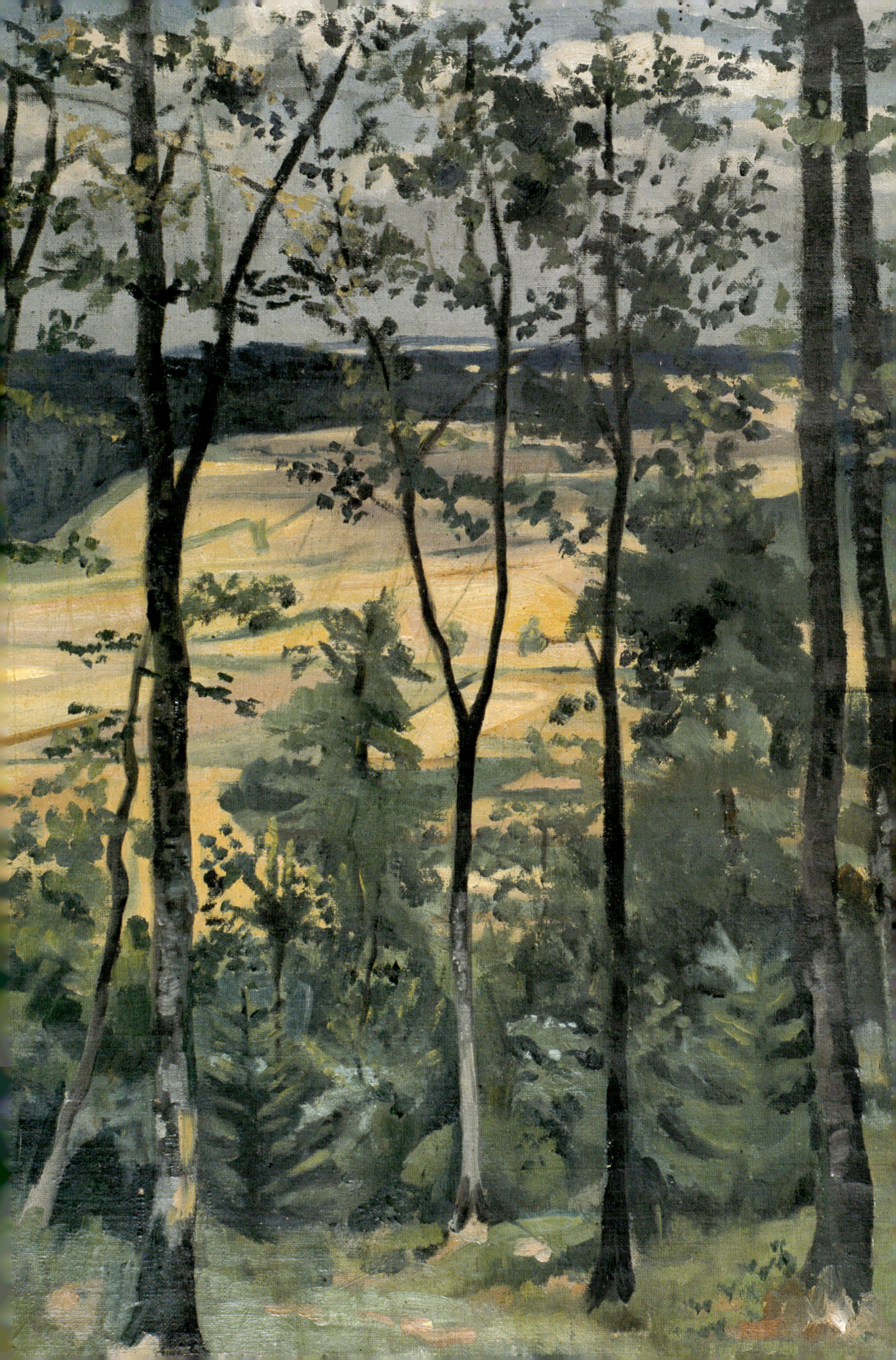

dass dieser löbliche Eifer dabei nicht die Hauptrolle spielt. Bei gutem Willen könnte der Schmuck für die Kirche auch in einigen Tagen herbeigeschafft werden. Die Aktion wird aber so lang wie möglich hinausgezogen und das Tannenreisigholen mit wahrer Leidenschaft betrieben, ja, manche Konfirmanden erinnern sich später mit wesentlich größerer Begeisterung an das „Tannenreis" als an die Konfirmation selbst.

Was ist der Grund? Die Entlassjahrgänge, die ja nach der Konfirmation zu den „Ledigen" und ab dato wesentlich mehr Rechte haben denn als Schulkinder, dürfen u.a. zum ersten Mal, Buben und Mädchen miteinander, in die Wälder ausfliegen mit „Hopen" und Schlitten oder Wägelchen, um Tannenreisig zu Ehren ihrer Kirche heimzufahren. Wer will, kann dahinter Zusammenhänge mit uralten heidnischen Bräuchen sehen in diesem ersten Losstürmen im Leben und im Frühling, um „einen grünen Maien zu stecken."

Mit der Konfirmation geben die Buben auch das Amt des Läutens ab, das in den Gemeinden, die noch keine elektrische Anlage haben, streng geordnet ist. Rottenführer, Stellvertreter und Läuter unterliegen einem festen Reglement, sie haben sonntags zeitig zu erscheinen und das „Zusammenläuten" zu besorgen, das die Leute zur Kirche ruft. Eine Stunde sowohl als eine halbe Stunde vorher läutet es „s´Narichte", wie es in manchen Gemeinden heißt, das besorgt der Mesner allein, weil dazu das volle Geläut noch nicht nötig ist. Während der Predigt sollen die Läutebuben aufmerksam zuhören, manchmal tun sie aber nicht gut, dann richtet sie der Mesner, der immer um den Weg ist, her. Nähert sich die Predigt dem Ende zu, lauschen die Buben gespannt auf den Beginn des „Vaterunsers", das Gebimmel eines Glöckchens an einer langen Schnur gibt den Buben im Glockenstuhl das Zeichen, die Vaterunserglocke zum Schwingen zu bringen. Es dauert meistens bis zur 7. Bitte, bis das Läuten zu hören ist. Auch beim elektrischen Geläut dauert es so lange, zur Ehre der Buben sei´s gesagt, obwohl der Mesner oder der Organist nur „aufs Knöpfle drücken" müssen.

Bei Hochzeiten und „Leichen" bekommen die Buben etwas Geld fürs Läuten von den betreffenden Familien. Für einen reichen Bräutigam, der gern etwas springen lässt, wird mit Wonne geläutet und schon lange vorher ausgerechnet, welche „Rotte" diesen Segen ernten darf. Bei Beerdigungen müssen die Buben ein Signalsystem einrichten, einer von ihnen wartet beim Trauerhaus, ausgerüstet mit einem großen weißen Taschentuch oder Handtuch und womöglich mit einem Fahrrad, bis der Leichenchor den zweiten Vers des Trauerliedes angestimmt hat. Dann prescht der Junge los bis zu einer verabredeten Stelle, die man vom Turm aus erspähen kann, wedelt dann mit den Tüchern und gibt damit den Kameraden dort das Zeichen zum Einsatz des Geläutes. Ist der Weg lang, wird unterwegs noch ein Zwischenmann zum „Weiterwinken", aufgestellt, damit alles gut klappt mit dem Läuten.

Die Alb wäre nicht das alte und vielfältige Bauernland, wenn es nicht auch Abergläubisches unter den Bewohnern gäbe. Der Älbler, der oft viele Stunden einsam in der Natur verbringt und ihre Zeichen zu deuten und zu verstehen versucht, ist vielleicht von daher den Einflüssen des Aberglaubens gegenüber offen. So kennen wir eine ganze

Reihe stillverschwiegener Zaubermittel, Sympathiebüchlein, Viehsegen, „große Künste" wider den Rotlauf und viele andere Krankheiten, die an die Merseburger Zaubersprüche erinnern, obwohl sie christliche Namen und Symbole in gehäufter Form verwenden. Einen Spruch aus einem solchen Zauberbüchlein, auf der Alb zufällig gefunden, vorgezeigt wird solches wohl nie, wollen wir hierher setzen:

O du allerheißester und allerhitzigster Karfunkel,
wie bist du so heiß und so dunkel.
Mit Gott dem Vater such ich dich,
Mit Gott dem Sohne find ich dich,
Mit Gott dem heiligen Geist vertreib ich dich.
Im Namen des Vaters – und des Sohnes – und des heiligen Geistes –
dreimal darüber blasen.

Dass man im Namen Gottes um Heilung fleht, entspricht der christlichen Glaubenshaltung durchaus. Dass etwas Geschriebenes Macht haben kann, darauf vertraut der bäuerliche Mensch und unterstellt den Buchstaben magische Kraft. Dass man aber ein Papier mit diesem geschriebenen Vers auflegt, aufbindet, unter die Nahrung mischt oder, beim Vieh, fressen lässt – das begreifen wir nicht mehr.

Man muss sich bei diesen Dingen vorstellen, dass die Leute früher bei Krankheit von Mensch und Vieh stunden-, ja, tagelang ohne Arzt allein sein mussten und sich auf irgendeine Weise selbst zu helfen versuchten, „helf, was helfen mag". Es ist anzunehmen, dass in unserer jetzigen aufgehellten Zeit, wo Arzt und Arzneien schnell zur Hand sind, die Zaubermittel weniger werden. Oft wird auch heute noch das vom Arzt verschriebene Mittel zusammen mit einem alten Zaubermittel verwandt, damit eines von beiden wenigstens bestimmt helfe. Natürlich weiß man in jedem Bauernhaus um eine Reihe guter alter Hausmittel, um die Verwendung von heilkräftigen Tees und gesammelten Pflanzen, um die Heilwirkung von Alkohol – vieles wird mit Schnaps kuriert –, von Ameisengeist und Bienengift, ein Wissen, das früher jede Hausfrau neben ihren Kochrezepten pflegte und das in vielen Fällen segensreich ist. Wenn aber ein aus dem Boden gegrabener Pfennig auf einen „offenen Fuß" gebunden wird, so ist auch dieses Heilwissen wieder zweifelhaft.

Dass die Toten umgehen, dass man deshalb Messer und Gabel in der Erde des Grabes versenken müsse, wird noch vielerorts geglaubt. Ebenso stirbt auch wohl der Hexenglaube nur sehr langsam oder gar nicht aus. An Verhexungen von Ställen mit den berühmten Zöpfen in den Schwänzen der Tiere glauben noch sehr viele Älbler. Man kreuzt dagegen die Besen über der Stalltür, oder man lässt einen Mann oder eine Frau kommen, die „dafür tun" kann, auch das gibt es noch und gibt es immer wieder.

Humor

Der Humor ist einer von des Älblers allergrößten Schätzen und das Schönste daran ist, dass er es gar nicht weiß. Er ist kein „musischer" Mensch im eigentlichen Sinn, aber auf dem Gebiet des Volkswitzes und der Spruchweisheiten wirkt er so was wie schöpferisch. Sein Mutterwitz nährt sich aus tiefer Naturliebe und der daraus und im Umgang mit ihr entspringenden Lebensweisheit. Mit scharfem Blick für die Gegebenheiten des menschlichen Dasein bringt dieser Menschenschlag es fertig, das sinniererische und wehmütige Element seines Wesens harmonisch miteinander zu verbinden. Es scheint, als kenne er die gesunden Kräfte des herzhaften Lachens, er kann beschwingt mit ein paar lustigen Worten, bei allem Tiefsinn, den Widrigkeiten des Lebens den Stachel nehmen.

Es gehört aber zum Bild, dass sich dieser Humor nicht ohne weiteres offen darbietet. Er ist ein wenig eingepackt und zugeschlossen wie viele andere Züge des Albcharakters, eigentlich ist er dreischichtig und hintergründig: die erste Stelle gilt, die dritte trifft – so wie bei dem Schuster, der mit dem Leisten nach dem Lehrjungen warf und sein Weib traf. „S'ist au so recht", sagte er. Man muss schon ein wenig „hell in der Kapell" sein und die Mundart gut kennen, um herauszufinden, was gilt und was trifft. Man muss auch die Leute kennen, um gelegentlich in derselben Tonart „hinausgeben" zu können, damit sich Wort für Wort gibt und die Sache im Lot ist. Wer sich aber nicht auskennt, wer nicht herausbringt, wo's treffen soll – der ist selber bald der Getroffene und kann sich in acht nehmen vor dem Geschützhagel. Wer aber seine „Pappenheimer" kennt, der soll sich einmal mit ihnen abends in den „Löwen" setzen, in den „Engel", den „Adler" oder das „Lamm", besonders wenn die Alten zusammen sind. Wenn sie ihn auch kennen und zu den ihrigen rechnen, dann werden sie nicht hinter dem Berg halten, besonders wenn ein oder zwei gute Viertele das ihre getan haben. Dann kann er Tränen lachen über das, was er im Laufe des Abends erfährt an Mutterwitz und Schlagfertigkeit. Keiner wäre in der Runde, der nicht drankäme, keiner, dem sie nicht „schandlich" tun, keiner, der nicht zurückschlägt, bis das Feuerwerk sprüht und man sich die Seiten halten muss. Dabei geht alles, trotz handfester Derbheit, nur bis zu einer gewissen Grenze des bäuerlichen Taktes, aber trotzdem feinfühliger als man gemeinhin weiß. Natürlich spricht der Mann im Wirtshaus vieles, vielleicht sogar alles aus, trotzdem wird er nicht schmutzig dabei, mindestens der ältere Älbler nicht. Wenn ein Zugereister glaubt, im Wirtshaus vor den Bauern auspacken und Zoten erzählen zu können, dann rücken sie von ihm ab, derbe Dinge wollen sie nicht hören, überhaupt nicht von Fremden. Ihnen kommt es auf den Witz an, nicht auf den Grad der Unverblümtheit. Ihre Art von Humor ist treffend, aber doch letzten Endes gütig. Sie kennen das menschlich Unzulängliche und entblößen es nicht unnötig. Unbewusst weiß jeder, dass er auch einmal drankommt, wenn er sich am Schießen auf den Nächsten beteiligt. Deshalb tut er es so vorsichtig, wie er selber gehänselt sein möchte.

Wir kennen eine Unmenge lustiger Geschichten, Sprüche, Tanzverse, „Anbinder" von der Alb. Die letzteren sind besonders typisch. Jonas Köpf hat eine Reihe von ihnen im „Suppinger Liederbuch" aufgezeichnet. Wenn der Älbler ein ernstes Lied gesungen hat, hängt er noch ein Scherzliedchen dran, das die „Umkehr" zum Humor bringt. Es juckt ihm sozusagen in allen Fingern, er kann nicht tragisch aufhören, er muss eine kleine Dummheit dranhängen, einen Streich, eine winzige Tollheit. Dieses „Muss" ist so ein liebenswertes gesundes Drängen nach Ausgleich und Fröhlichkeit – ein glückliches i-Pünktchen im Wesen des Älblers.

Mag au a Lied so heilig sei,
so g'hairt a Stückle drei!
Ei Bauer, stand auf und füttre dein' Schimmel
und prügle dei Bäure, sonst kommscht et en Himmel!

Und der Humor blüht immer noch, auch heute, wo allerdings Rundfunk und Fernsehen andere Arten von Unterhaltung vermitteln. Überall, wo Leute zusammen kommen, auf dem Rathaus, im Backhaus, im Waschhaus und in der Schmiede sprüht es noch von originaler Neckerei, die ja örtlich ist, sich auf die Dorfleute bezieht und von ihnen ihren Ausgang nimmt.

Ein paar Sprüche

Wer sich jong henkt, wird´ et alt ond wüscht.

O, mach mr s´Leibla auf, ka i en Seufzer lau!

Was ka mr mache, wenn s´Kend koi Ärschle hot, auf de Bauch ka mrs et schla.

Do ka mr au na wia s´Büble zum Beta, des hot s´Büchle g´hendret.

Wenn d´Weiber em Toig send (wenn sie den Brotteig kneten), hent d´Flaih Hauchzich.

Du isch so mager gwea, se hot könne en Goißbock zwische de Hörner küssa.

Dui isch os mager gwea, se hot sich hentr-ama Besastiel omzieha könna.

Was woiß denn d´Kuh, wenn´s ´Sonntig isch – s´geit r neamed a frisch Hemmed.

Wenn no de alte Ochsa wüsstet, dass se au emol Kälble gewa send!

De Liederliche wird Gott richta, aber de ganz Liederliche ganget d´Hoor raus.

Der wär recht, wenn ma en oba ond onta asäga dät und d´Mitte wegkeia!

Mit dem bischt a´g´führt, ond wenn da mit em zum Abendmahl gohscht.

Mode hin oder her, dr Arsch g´hairt en d´Hosa!

Versprecha isch herrisch – halta isch bäurisch.

Des ischt an anders Kora, hot dr Müller g´sait, wo er auf en Mausdreck bissa hot.

No et g´heulet, s´kommt an älle, hot dr Fuchs em Hennastall g´sait.

Nuie Besa kehret wohl, aber de alte wisset d´Winkel.

A Bauer ond a Dokter wisset selbander maih als a Dokter alloi.

S´isch et älles a Bauer, der a Goißel hot.

Wenn dr Bauer omkeit, muess ´s Mädle schuldeg sei.

Wenn dem sei aischte Lug a Fülle gwea wär, no tät d´Welt voller Gäul sprenga.

Er hot nex als en Sack voll Armut ond der isch mit Elend zubonda.

Wer koi Brot hot, braucht am Hemmad koine Spitze.

S´Müllers Henn ond s´Witwers Magd hent no nie über Honger klagt.

Vater, mir Reiche heiratet enander und de Arme solltet ´s au so mache.

Nemm koi Arme, se frisst so viel wie a Reicha.

Dui hots gut: S´ Holz keit er r noch, ond s´Wasser derf se heula.

G´falle ben i net, hot sell Mädle g´sait, s´Lompazuig isch an me komma.

A Weib ohne Ma isch wie a Garta ohne Zau´.

Wenn no d´Kätzla Gäul wäret, no könnt ma bei de Kreuzstück neireita.

D´Liebe ka alles, bloß et seiltanza.

Kein Jahrmarkt ohne Diebe, kein Mädchen ohne Liebe.

D´Liebe isch wie Bäradreck, ma brengt se net vom Herza weg.

Beim Schlittafahra ond Hauchzichmache muß´s schnell gau.

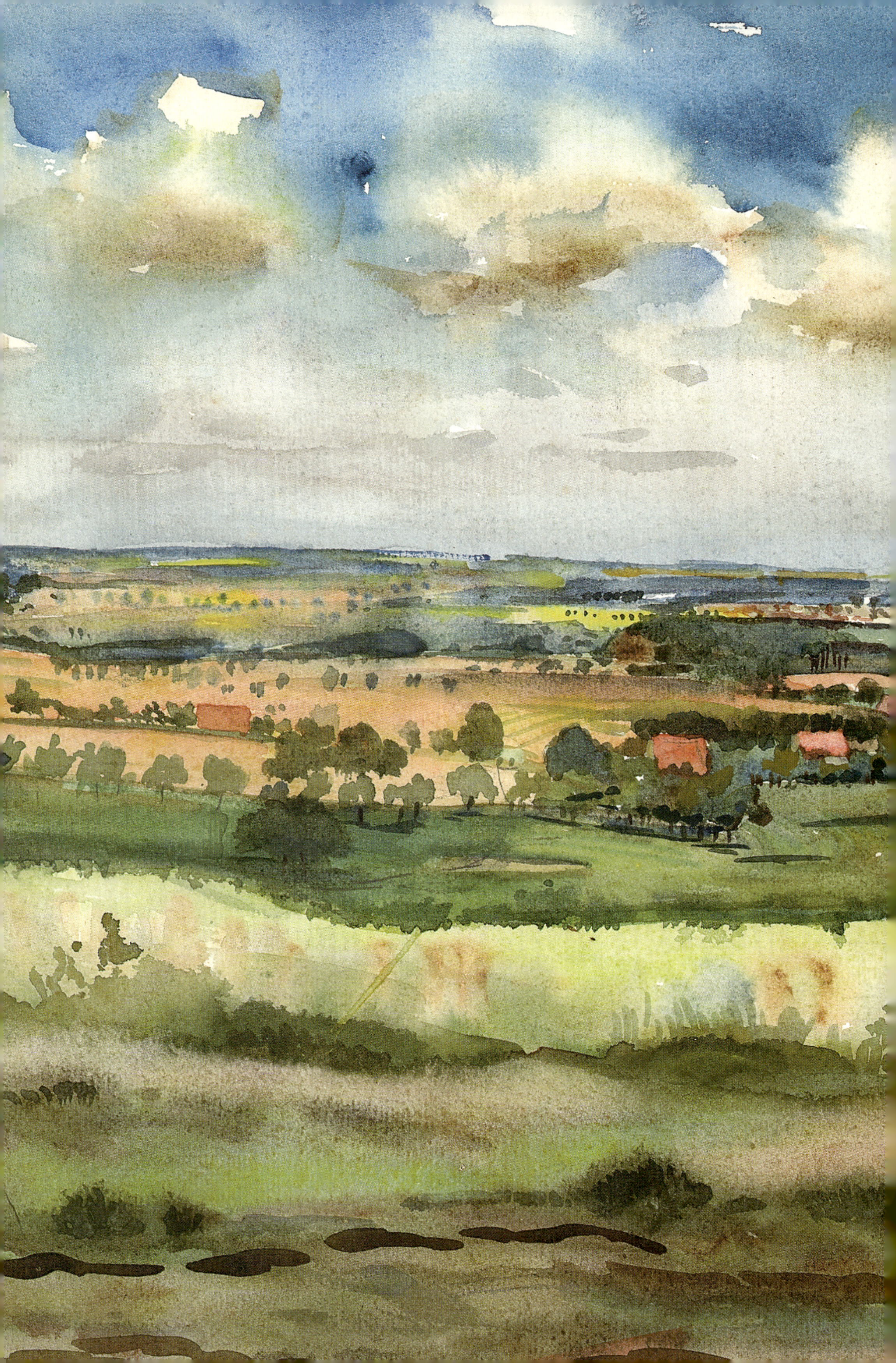

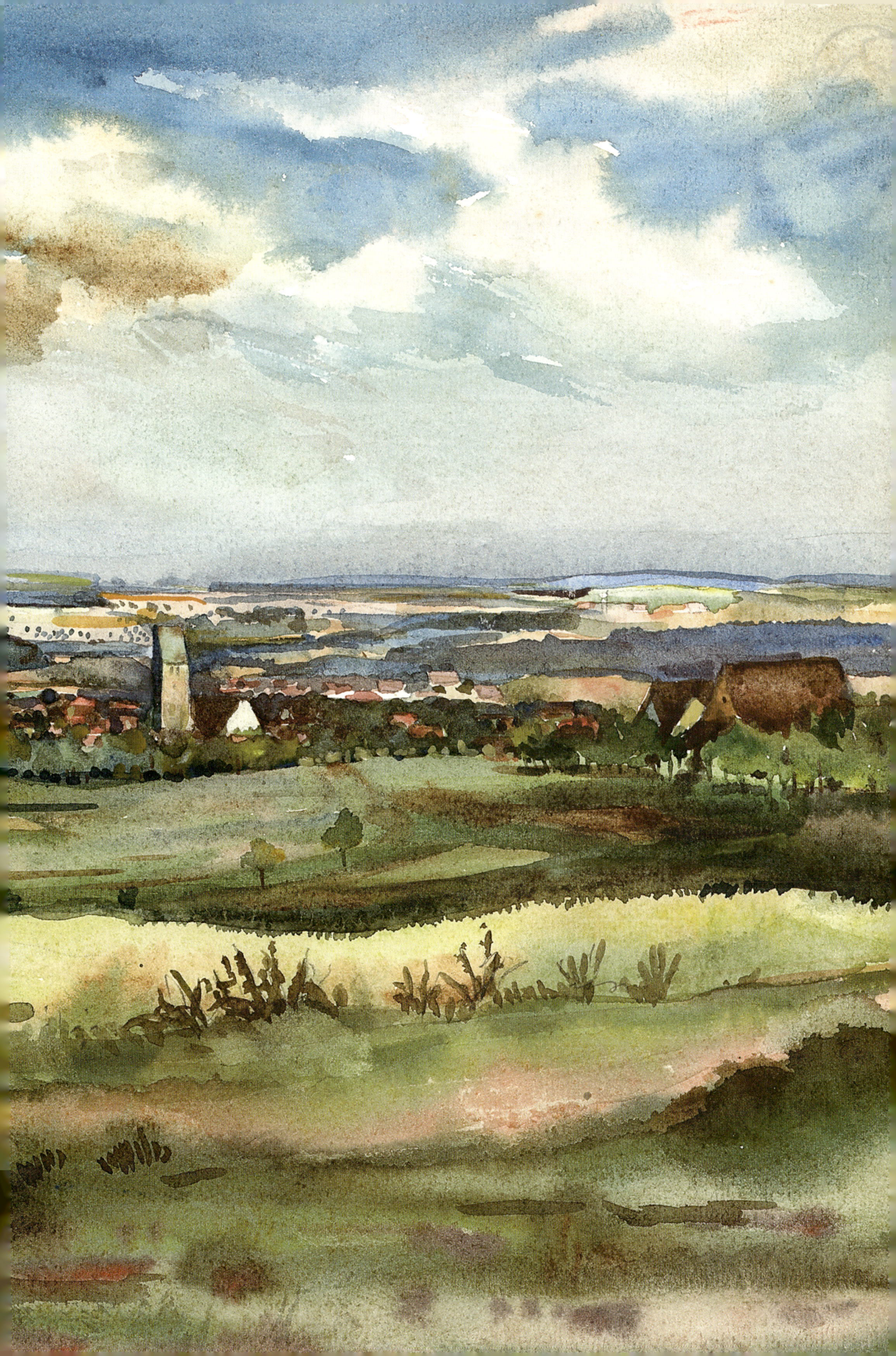

Anekdoten

Ein pfiffiger Bauer wollte einmal durch das Lotteriespielen reich werden. Er kam zum Kaufmann und wollte die Losnummer 45 haben. Die Nummer war nicht vorrätig, aber der Bauer bestand auf ihr und sie wurde bestellt. Sie gewann den Haupttreffer. Der Kaufmann fragte den Bauern, woher er das gewusst habe? „Ha des isch ganz oifach", sagte der. „Sieben isch a hoilige Zahl, ond sieben mal sieben macht 45"!

Ein Büble kam in einen Laden und wurde dort gefragt: „Schneits?" Es guckte lange ungläubig, bis der Ladeninhaber wieder fragte, ob es draußen schneie, also „schneits?" Schließlich suchte das Büble sein Sacktuch und schnäuzte sich.

Überall auf der Alb sagt man zum gewöhnlichen Gruß, der die Zeit bietet, noch etwas dazu, was auf die augenblickliche Tätigkeit des Gegrüßten Bezug hat. „So – dent´r hacka?" heißt es da etwa, oder „dent´r zetta?" (verzetteln, verstreuen z.B. Gras, Heu, Mist), „tust mistführa?". Vor einem Gewitter war einem Bauern das Missgeschick passiert, dass sein hochbeladener Heuwagen auf der Straße umkippte. Wild begannen er und seine Leute wieder aufzuladen. Sein Nachbar kam vorbei und sagte seelenruhig: „So, dent´r omkeia?"

Im Dorf E. ist eine „Leiche". Ein Weiblein geht im dunklen Häs aus einem Nachbardorf hinaus, ein Steinklopfer kommt des Wegs und hält sie an. „Wem gohscht zur Leich? Wer ist g´storba z´E.?" „Em katholische Pfarr sei Mueder" antwortet das Weible. „So?" meint der Steinklopfer, „ja derf a katholischer Pfarr au a Mueder hau?"

Ein Mann hatte einmal ziemlich über den Durst getrunken. Der Wirt gab ihm, besorgt um sein Heimkommen, ein paar handfeste Burschen mit, die ihn bei seiner Margret abliefern sollten. Sie taten das und bekamen einen freundlichen Dank. Einer fragte, warum sie sich noch bedanke, wenn man ihr doch den Mann so heimbringe? Margret antwortete: „Man sagt doch auch danke, wenn man einem eine Metzelsupp ins Haus bringt – wie viel mehr dann bei der ganzen Sau!"

Man zählte früher bei amtlichen Schätzungen die Häuser, in denen „Rauch gehalten" wurde, sie galten gleich einer Familie. Noch längere Zeit mussten die Bürgermeister diese Zahl melden. Einer von der Alb bekam wieder so eine Liste mit einzelnen Rubriken, zuletzt hieß es: „Aschlöcher". Der Ortsvorstand nahm die Feder und schrieb: „siehe Seelenzahl".

Auf dem Markt werden Gipsbüsten berühmter Männer als Zimmerschmuck angeboten. Ein Büble ist mit seinem Vater auch auf den Markt gekommen, sieht einen Goethe-Kopf und bettelt seinen Vater: „Babba – kauf mr au so en Grend!"

Ein Älbler Wirt, sehr auf sein Fortkommen bedacht, pflegte bei großer Kälte folgenden Spruch zu tun: „Des ischt a Wetter für meine Knecht – schaffet se net, no verfrieret se recht".

Ein Bub kommt ins Wirtshaus gerannt und ruft einen der „Gaigler" an: „Jakob, dei Haus brennt!" Der Jakob bleibt seelenruhig, langt in die Hosentasche und sagt: „Des ka gar et sei. Ich hau jo da Hausschlüssel em Sack."

Großvater ist in einem Dorf so alt geworden, dass es sogar im Kalender gekommen ist. Die anderen Männer lesen das im Wirtshaus und einer sagt: „Des isch koi Konscht, so alt werda, wenn´s Weib 30 Johr vorher stirbt!"

Der Lehrer fragt in der Schule: „Kinder, wer weiß mir ein Haustier?" Ein Bub antwortet: „Mei Bäs!" (= Tante). Erstaunt fragt der Lehrer: „Ja wieso denn? Deine Tante ist doch kein Tier?" „Jao, mei Vatter hot aischt g´sait: ´O, dass ma auch des Dier em Haus hau mueß´!"

Eine Frau ist krank geworden. Der Mann muss kochen und tut es schlecht und recht. Schließlich bringt er seinem Weib eine Wassersuppe ans Bett. Sie will essen, bringt es aber nicht fertig. „Ma, bisch m´r et bais, aber dui Supp breng i et na!" Der Mann seufzt, nimmt den Teller und sagt im Hinausgehen: „No schlag e halt noch drei Oier nei ond iss se selber!"

Eine alte Bäuerin liest in der Bibel. Sie wird von ihrem Enkelkind darauf aufmerksam gemacht, dass sie das Buch verkehrt rum halte. Sie lässt sich das aber nicht gefallen und sagt: „Narr, du Zipfel – i be doch lenks!"

Ein Kind fragt: „Warum ist ein Gockeler auf dem Kirchturm?" Der Vater antwortet: „Weil d´Oier hee wäret, wenn a Henn doba wär!"

71

Von der Liebe

Der Mensch liebt, wie er ist – dies Wort gilt in seiner wahrsten Bedeutung auch vom Älbler. Es gibt den herb und schwermütig Liebenden, den Sänger der traurigen Lieder in großer Anzahl, es gibt den bäuerlich Zupackenden, den lustigen Maienstecker und Brezgenmaler, es gibt auch den Reichen, der nicht schwer daran tut, Regungen des Herzens dem Gedeihen des Hofes unterzuordnen. Der große Hof braucht eine reiche Braut, und „fügt sich nicht Herz zum Herzen, so fügt sich doch Acker zu Mahd". Diese Ansicht wird oft mehr oder weniger offen geäußert, und man darf vielleicht diese alte Stimme des Hofgedeihens nicht allzu sehr schelten. Auf diese Weise wird manche Ehe von Verwandten und Freunden zusammengekuppelt, und manche Braut steht blass und weinend vor dem Altar, weil sie hat den einen nehmen und den anderen vergessen müssen. Seltsamerweise halten diese Ehen oft besser als man denkt. Ein tägliches gemeinsames Wehren und Werken für den Hof ist ein festes Geschirr, in dem auch ein ungleiches Gespann mit der Zeit wacker ziehen lernt.

Da sind die Reichen. Man kann sagen: je größer der Hof, je weniger wird nach der Liebe geheiratet. Aber die Ärmeren sind in der Überzahl, und im Grunde seines tiefen und besinnlichen Wesens neigt der Mensch von der Alb dazu, schmerzhaft und treu zu lieben. Ein reicher Metzger und Wirt hatte eine begüterte Heirat tun müssen, auf den Wunsch der Eltern. Seine Frau starb nach zwanzig Jahren, und etliche Jahre darauf starb auch der Mann der ehemaligen Liebsten, die er hatte lassen müssen. „Des hot müesse so sei, dass i mei Engla no krieg" sagte er und heiratete sie. Die beiden alten Leute gingen zum Altar, glücklicher fast, als wenn sie jung gewesen wären. So ist der Älbler auch, und es ist manchem zuzutrauen, dass er trotz einer aufgezwungen Heirat ganz in der Tiefe seines Herzens die nicht vergisst, die er wirklich liebte, obwohl er es nicht zeigt, da er ja in solchen Dingen ein Schweiger ist.

Eine Schäferstocher hatte einen Schäfer nehmen müssen und hat es oft erzählt, dass ihr Mann nicht derjenige gewesen sei, den sie hätte „wollen". Sie lebte zwar gut mit ihm, aber wenn sie so draußen allein beim Schaffen war, brachen der Schmerz und das Heimweh durch. In ihrer Not fing sie an, Gedichte zu schreiben. Ein Lied konnte sie aufsagen, es hatte 56 Verse, sie hatte alle im Kopf und keinen jemals aufgeschrieben. Ein junges Mädchen in Suppingen konnte es sogar spontan: Bei einer Feier stand sie einfach auf und sagte ein Gedicht her, wie es ihr einfiel.

Wie das Hofgedeihen Hab und Gut fordert, so fordert es auch den Erben. Für den Bauern ist wohl zu allen Zeiten und in allen deutschen Breitengraden die Verpflichtung zur Heirat erst dann gegeben, wenn ein Hoferbe sich ankündigt. Ellenlang sind die Verhandlungen in den Kirchenkonventsprotokollen. Strafen standen auf uneheliche oder vorzeitige Geburten, es durfte kein Kranz getragen werden, keine Spielleute durften der Hochzeit aufspielen, die Trauungen waren „mittwochs nach der Kinderlehr", die Paare wurden ohne Predigt „kopuliert" und auch heute noch ist ein „lediges" Kind nicht gerade ehrenvoll. Wenn allerdings der Vater auf dem Rathaus „unterschreibt", wenn er also mit einer späteren Heirat einverstanden ist, dann ist alles nicht so schlimm und lässt sich ausbügeln. Solche Fälle kommen auch heute noch überall vor, und keine Konfession hat hier jemals ganz durchgreifen können. Es kann auch sein, dass schon zwei Kinder da sind, ehe das junge Paar die Möglichkeit hat zu heiraten. „Mueder – bisch du a schöne Braut gwea an deiner Hauchzich?" fragte ein kleiner Junge seine Mutter. „O Bua, des woiss i nemma" antwortete diese. „Aber i!" sagte der Älteste. Ja, es ist seltsam, wie die bäuerliche Anschauung hier der kirchlichen zäh widersteht. Natürlich wird zuerst eine Weile geschimpft, auch von den Eltern und Schwiegereltern. Wenn aber dann das kleine Wesen einmal da ist, hat man es gern und lässt der Mutter nichts nachsagen. Und später bei der Arbeit sind ein paar vorzeitige Schaffhände immer zu gebrauchen.

Wer um Ostern herum durch die Albdörfer fährt, dem fallen, allerdings nur in den evangelischen, die weißen gemalten Brezeln an den Stadeltoren auf. Dies ist ein für die mittlere Alb ganz besonders charakteristischer Brauch. Ehemals waren gebackene Brezeln eine Liebesgabe. Es gab Brezelmärkte am Palmsonntag und es gibt noch heute einen, den im Hungerbrunnental bei Heldenfingen alljährlich abgehaltenen und gefeier-

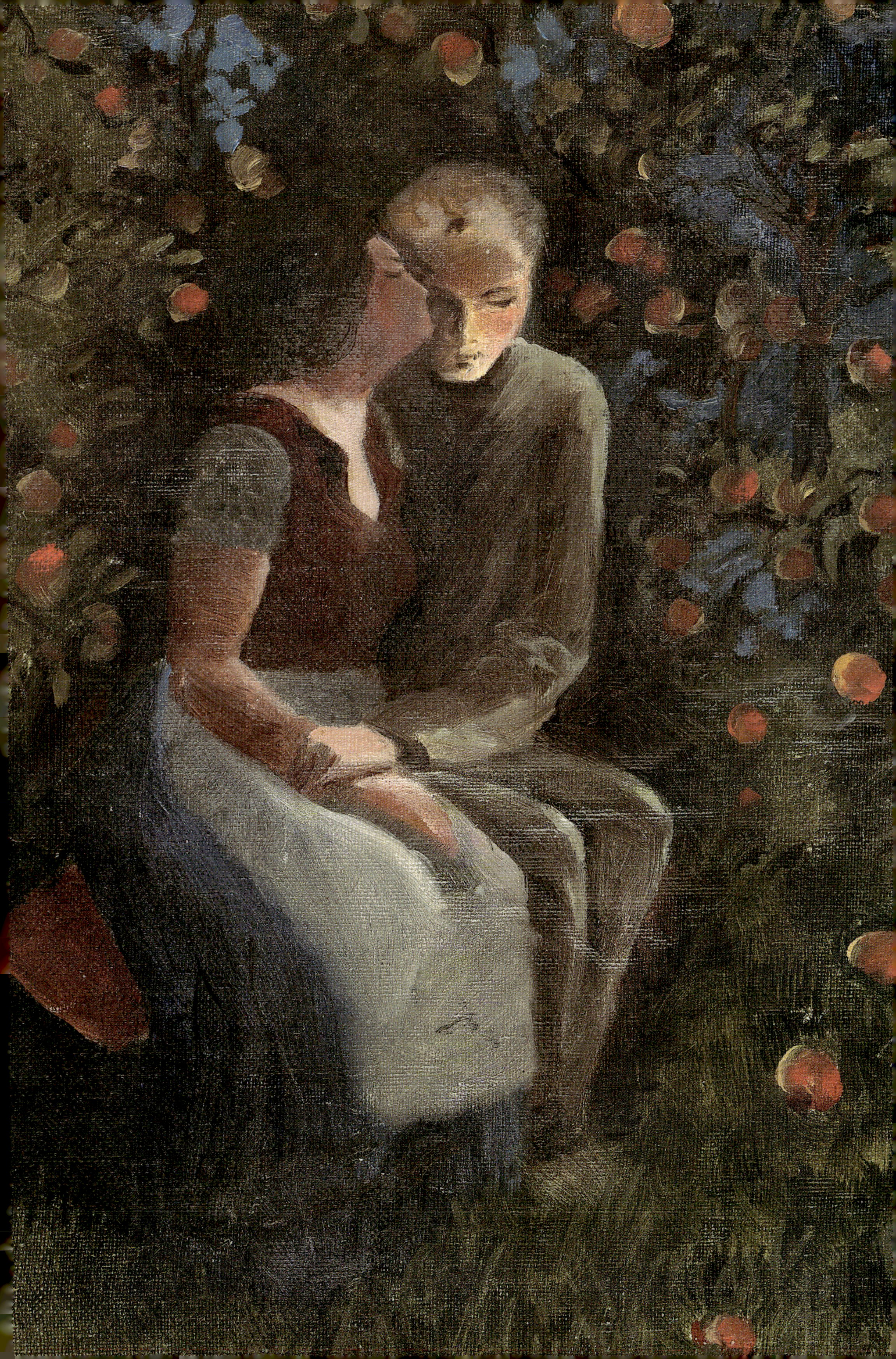

ten. Dabei wird nicht viel anderes verkauft und gehandelt als eben dieses Gebäck. Heute werden wohl auch Mädchen Brezeln einkaufen, früher taten das lediglich die Burschen und überreichten eine ihrer Angebeteten, die die Brezel dann meistens nicht aß, sondern aufbewahrte und beobachtete, ob sie nicht schimmle. Tat sie dieses nicht, war der Bursche treu und engerer Erwägung wert.

In der Gegend des „Ulmer Winkels" kennt man auch den „Schneller" mit einem roten Bändchen als Liebesgabe. Aber es sind wohl schon einige Jahrzehnte vergangen, seit dieser nette Brauch im Schwang war. Hie und da hört man noch von einem „Brezgafescht", wenn junge Leute ohne besonderen Anlass zusammen kommen wollen, um fröhlich zu sein – oder ein alter Bauer sagt im Spaß zu einer ebenfalls nicht mehr Jungen: „Soll i dir au no a Brezg´ kaufa?" Das Malen übergroßer Brezeln an Stadeltore ist immer noch im Schwang. Auch die Palmsamstagsnacht ist sehr lebhaft im Dorf. Da sind sie unterwegs mit Eimern, Kalkbürsten und -pinseln. Ursprünglich bekamen geachtete Mädchen von den Burschen schöne Brezeln gemalt, auf die sie stolz waren. Es gab aber auch „wüschte" Brezeln, eine Schandform, die einem durch Götz von Berlichingen bekannt gewordenen Körperteil glich, und verrufenen Mädchen gewidmet war und anderntags schleunigst wieder abgewaschen wurde. Inzwischen verwässert der Brauch etwas. Trupps von „Malern" ziehen durchs Dorf und malen Brezeln auch auf Hundehütten und Schweineställe, mitten auf der Bundesstraße war mal eine zu sehen. Werden die Jungen vom Bürgermeister oder sonst einer Respektsperson erwischt, geht es ihnen schlecht. Das Geschmier wird keineswegs öffentlich anerkannt, doch kann man im Grunde nur wenig dagegen machen, ebenso wenig wie beim Neujahranschießen und Maienstecken. Das sind auch Liebesbräuche, mindestens ursprüngliche.

Früher war es Sitte, dass der Bursch seinem Mädchen das Neujahr „anschoß" und er pflegte dafür auch belohnt zu werden mit Äpfeln, Schnitz oder einem „mürben" Brot. Vor den „Lichthäusern" wurde besonders tüchtig geschossen, „Schüss nausdau, a jeder Kerle oin". Danach mussten sie durchgehen, denn es waren die „Scharwächter" unterwegs, die ihnen über Zäune und durch die Winkel hindurch nachsetzten bis etwa um drei Uhr. Danach gaben die Wächter das Rennen auf, und Scharwächter und Schiesser gingen miteinander ins Wirtshaus. Auch das Maienstecken in der Nacht auf Pfingstsamstag ist noch recht lebendig. Dinge auf die Dächer zu praktizieren, die kein Mensch da oben sucht und auch schlecht wieder herunterbringt, ist besonders im Schwang, Reisigbüschel werden verschleppt, Gartentüren ausgehängt, Güllenfässchen vors Schulhaus geklemmt und dem „Schultes" ein Schleifstein auf die Dorflinde gebunden, kurz, es ist alles mögliche „los" im Dorf.
Ehemals gab es auch wieder den „schönen" Maien, einen grünen Birken- oder jungen Buchenbusch, mit Bändern aufgeputzt und der Liebsten ins Fenster oder aufs Dach gebunden, und den „Schandmaien", einen dürren Besen für verschriene Mädchen.

Lichtstuben, Lichthäuser, auch „Ebahihäuser" (=irgendwohin) genannt, die eigentlichen Treffpunkte der „Ledigen" und durch unzählige Streiche und Geschichten in den Dörfern lebendig, gab es vor nicht allzu langer Zeit und gibt es sogar teilweise heute noch. Die Jahrgängertreffen sterben ebenfalls noch lange nicht aus, und die Fünfundzwanziger, Vierziger-, Fünfziger- und Sechziger-Feste, die jeweils an Pfingsten abgehalten werden und bei denen die Volksdichterinnen zu Wort kommen, die in oft langen und witzigen Versen die verbrachte Schul- und Jugendzeit schildern. Heute noch kann man zur Winterszeit an Sonntagen lustig mit Tannenbäumchen und bunten Bändern aufgeputzte Schlitten sehen, in denen die Jahrgänger zusammen ausfliegen und wo vorn ein schön gemaltes Plakat von der Herrlichkeit der Jugend kündet.

Von der Liebe ließen sich noch viele Dinge sagen. Sie ist wie überall eine Lebensmacht, und man stößt immer wieder auf neue Formen, die sie sich aneignet. Übrigens „liebt" der Älbler nicht, und er „hat" auch keine „Liebe", sondern er hat eine „Bekanntschaft", die er „gera sieht". Die Ehen sind im allgemeinen recht glücklich, es gibt kaum eine Ehescheidung – „se hauset guet mitenand". Allerdings heißt es im Ulmer Land, man könne das erst sicher sagen, wenn die beiden „einen Zentner Salz miteinander gegessen hätten".

Ein Kinderspiel

Annameile,
koch die Breile,
sitz aufs Stühle,
melk dei Kühle,
gang en Lade,
kauf en Fada!

Annele, Bannele goht en Lada,
möchte en rauta Fada haba,
raute Fada gibt es nicht,
Annele, Bannele ärgert sich.

Jockele, Jockele, Biraschüttla,
Bira went et falla.
Lässt dr Nochber´s Hondle raus,
beißt em Jockele ´s Fiedla raus.

Auf dr Donau ben e g´fahra,
ond a Schiffle haun e g´seah,
ond des Schiffle hoißt…
Ond der… soll sich dreah.

Paule, Paule pup pup pup,
koch m´r au a Wassersupp,
aber net so dick,
dass e net verstick.

Paule, Paule, pup, pup,.pu,
Wieviel Nudla frischt denn du?
Sieben ond a halba.
Kasch dei Gosch et halta?

Herr, Herr, was tust du da?
A Stoile sucha.
Was tusch mit dem Stoile?
S´Messerle wetza.
Was tusch mit dem Messerle?
S´Hennele metzga.
Von wem?
Von dir und von mir ond von älle Scheißwinkel!

Spielanleitung: Ein Kind sitzt auf dem Boden und bohrt in der Erde. Die anderen stehen hintereinander in einer Reihe, das vordere Kind spricht. Bei „Scheißwinkel" steht das sitzende Kind auf, die anderen laufen weg, das sitzende macht „ksch, ksch" und fängt eines der Kinder. Dieses muss dann das „Hennele" sein, sitzen und in der Erde bohren. So beginnt das Spiel von neuem.

Hottegaule omgfalla!

Das große Heimweh

Warum sind gerade Menschen aus kargen Landschaften so stark und unverbrüchlich an ihre Heimat gebunden? Jedenfalls bildet das große Heimweh in der Seele fast jeden Älblers einen wehmütigen Grundton. „Drhoim isch halt drhoim" – wie oft kann man das hören. „Se hots schö g´het en dr Fremde, aber se hot halt wieder hoi wölla" – ja, es wundert oft, wie manch einer ein gutes Auskommen in der Ferne ausschlägt nur um dieses Daheims willen. Das Heimweh lebt in manchen Familien weiter, wenn sie einmal verzogen sind, als kleiner bittersüßer Tropfen oder als großes offenes Leid, je nachdem, wie der Mensch beschaffen ist, der es mit sich herumträgt. Schon bei ganz geringen Anlässen wird es spürbar. Da heiratet ein junges Mädchen im selben Dorf nur ein paar Gassen weiter. „Äll Nacht bene zu mei´m Haus nausg´loffa und hau´s a´gucket, bloß hehlenga, dass mei Mueter net schempft!"

Eine andere Braut folgte ihrem Mann ins Nachbardorf, vier Kilometer weiter entfernt. Die beiden gründeten dort ein gut gehendes Geschäft, hatten ein schönes Haus, Kinder kamen, aber die Frau wurde krank vor Heimweh, bestimmte ihren Mann, alles zurückzulassen und mit ihr in ihre Heimat zu gehen. Dort war man nicht besonders erstaunt über die Rückkehr. Man wusste, dass das Heimweh in der Familie der Frau „steckte". Das Büble, das in der Schule zu weinen anfing, weil es nicht mehr wusste, wie seine Mutter aussah, ist bestimmt auch einer von „von dem Zuig" gewesen.

Es wundert uns nicht, dass „das Wandern" ein wichtiger Abschnitt im Leben und immer von besonderen Bräuchen umrankt war. „Wandern" wird hier nicht gebraucht im Sinne einer Wanderung, wie wir sie heute unternehmen und von der wieder nach Hause zurückkehren. „Wandern" hieß auf der Alb reisen, ausziehen, die Stelle oder das Dorf wechseln. Auf Lichtmess „wanderten" einst die Dienstboten und die Braut „wandert" vor der Hochzeit mit ihren Sachen in das Haus des Zukünftigen. Bei diesem Wandern waren die Gespielen und Altersgenossen beteiligt. Bei einem Magdwechsel bildeten sie einen kleinen Zug, luden den grünen Holzkoffer, die „Siedel", auf einen blumenbekränzten Schubkarren und wanderten singend mit der Reisenden zu ihrem neuen Bestimmungsort. Dabei spielten die wehmütigen Lieder vom Scheiden und Abschiednehmen eine große Rolle. „Die Rosen blühten, als ich schied" ist eines davon. Wohl kein Motiv kehrt in den auf der Alb besonders gern gesungenen Liedern so oft wieder, als das des Abschiednehmens. „Sterb ich, in Talesgrunde möchte ich begraben sein" – die Vorstellung, noch im Tode im heimatlichen „Talesgrunde" begraben und mit der Muttererde verbunden zu sein, ist für die hiesigen Bewohner ganz gefühlsnah. Wer denkt hier nicht an die Auswandererschicksale, die gerade die Älbler besonders nachhaltig betrafen und wie viele von ihnen mussten den Weg in die Ferne antreten, weil es daheim kein Auskommen mehr für sie gab. Meist haben sie sich tüchtig „gewehrt" und sind tapfer gewesen, aber das Heimweh blieb ihnen wohl immer treu. Auch am Soldatenlos haben die Älbler schwer getragen, sie sind ja nicht begabt dafür, etwas leicht zu nehmen. „Wie steht auch der Weizen bei der hinteren Lachen? Ich muss immer daran denken, dass ich so gerne zum Schneiden gekommen wäre" – das sind die letzten Worte eines jungen Bauern, der kurz danach fiel. In einem anderen Feldpostbrief heißt es: „Immer, wenn ich hier im fremden Land die Augen schließe, steht, ohne dass ich mit meinem Bewusstsein daran denke, eine der grausilbernen Albheiden vor mir, ein Sträßlein mit windgekrümmten Vogelbeerbäumen, ein Stück des königlichen Buchenwaldes in der Frühjahrssonne, oder auch nur eine Gabelweihe im blauen Äther!" Auch der Schreiber dieser Zeilen hat die geliebte Heimat nicht mehr wiedergesehen.

Aber „über jeden Leidens Furche jubelt des Überwundnen Lerche", und so sei hier all derer gedacht, die aus der Schwere des Ertragenen innere Früchte geerntet haben. Eine Reihe von Älblern hat ein Lebenswerk vollbracht, das gewiss des Betrachtens wert ist. Dichter und Musiker, Techniker und Kaufleute, Wissenschaftler und Politiker sind aus der stillen Landschaft hervorgegangen. An ihrer Stelle sei hier nur der Weberdichter Daniel Mangelold aus Laichingen erwähnt, der im wohl ärmlichsten Viertel, dem „Weberviertel" genannt, 1853 zur Welt kam und auch im selben Häuschen 1935 starb, das seine Familie mit vier anderen teilen mußte. Lehrer und Pfarrer fiel früh der wache Geist des Weberkindes auf, weshalb man ihn wenigstens für das Landexamen empfahl, das ihm die Aufnahme in eines der evangelisch-theologischen Seminare eröffnet hätte, aber die Armut war zu groß, um auch nur das Reisegeld aufzubringen. So fügte Daniel sich ins Los des armen Webers, der neben der Arbeit her Verse schrieb, wie diese:

Der Weberdichter Daniel Mangold aus Laichingen, gezeichnet von Eugen Bischoff

Wilde Rosen, Schwarzdornblüten,
Silberdisteln, Enzian,
Farrenkraut und Zittergräser
Ehrenpreis und Löwenzahn,
nur benetzt vom Tau des Himmels,
nie gepflegt von Menschenhand:
Solchen Strauß nur kann ich binden,
weil ich keinen bessern fand.
Nehmt vorlieb! Ein Strauß vom Felde
ohne Wahl und hohe Kunst.
Mög er doch ein Herz erfreuen,
dargereicht durch Gottes Gunst.

Fliege, Schifflein, rastlos fliege
deine vorgeschriebne Bahn,
eil mit Weile, aber eile,
so kommst du am Ziele an.

Blatt, erklirre in der Lade,
sing ein Lied zu jedem Schlag,
von der Flüchtigkeit des Lebens,
und wie rasch es enden mag.

Geht ihr Schäfte, auf und nieder
wie die Wogen in der See.
Ach, so wechseln frohe Stunden
mir noch oft mit trübem Weh!

Halt, die Spul' ist abgelaufen,
und es steht der Webstuhl still.
Endet friedlich nur mein Leben,
end' es, wie und wann Gott will.

Die Vorrede von 1958 als Nachrede

Seit den Jahren, da dieses Büchlein, das sich ganz besonders mit dem Menschen der Schwäbischen Alb beschäftigen will, zum ersten Mal geplant und das Material dafür zusammengetragen wurde, hat sich sehr viel geändert. Nicht zu unrecht wird unsere Zeit eine schnelllebige genannt. Damals konnte noch ein sehr persönliches, ursprüngliches und von der Landschaft geformtes Menschenbildnis aufgezeichnet und als gegenwärtig dargelegt werden. Heute ist das teilweise schon Vergangenheit geworden. In den letzten 10 Jahren hat die Technik die Albdörfer erobert, und zwar mit einer Schnelligkeit, die man kaum für möglich gehalten hätte: wie eine Flutwelle kam sie, fast über Nacht, viel zu schnell für ein organisches Eingliedern, viel zu schnell auch für die schönen seelischen Eigenarten unserer Albleute, die darunter manchmal recht gelitten haben. Vorher war diese, an sich auf der ganzen Welt verbreitete Entwicklung immer noch etwas hintenan gehalten worden durch die Verkehrsferne und die klimatischen Besonderheiten der Albdörfer. Noch um 1930 etwa konnte man als landhungriger Städter auf der Alb wirklich bukolische Idylle, ja verwunschene Inseln antreffen, in denen die Zeit still gestanden zu sein schien. Nun ist diese Galgenfrist verstrichen. In einem Dorf von etwa 800 Einwohnern wurden im Zeitraum von sieben Jahren 60 Schlepper, eine Menge von Zusatzgeräten und anderen Maschinen, in jeder Familie ein Rundfunkgerät und einige Fernsehapparate angeschafft, außerdem ein Mähdrescher. Dass auf solche Weise das Dorfbild, und nicht nur das äußere, sich verändern muss, ist klar. Wir können die Entwicklung noch gar nicht absehen.

Zunächst verläuft sie schnurgerade zu Ungunsten alles dessen, was in diesem Büchlein geschildert ist. Ob sie so weit gehen wird, dass innerhalb von fünfzig Jahren ein Albdorf von einer Farmersiedlung in Nebraska nicht mehr zu unterscheiden sein wird? Wer kann es sagen? Wir möchten nicht zu schwarz sehen, obwohl es Bürgermeister gibt, für die so etwas im Augenblick das höchste Ideal wäre. Sie würden am liebsten ihr ganzes Dorf mechanisieren, Maschinenhallen, Kinos und Tankstellen bauen, Kaufhäuser erstellen und Neonlichter entzünden. Vor allem die Jugend bläst in dieses Horn. Die einstmalige schöne bäuerliche Tradition ist dabei keineswegs beliebt.

Vieles, was da noch auf Wanderungen und aus dem Zusammenleben aufgezeichnet werden konnte, ist inzwischen verschwunden und wird nicht mehr in dieser Form erscheinen. Der „Fortschrittsälbler" wird diesen Dingen auch nicht nachweinen, aber derjenige der die Albleute und ihre Landschaft liebt, wird sie wieder entdecken.

Angelika Bischoff-Luithlen

Abbildungsverzeichnis

Einband:	Kartoffelernte, Aquarell
Seite 6:	Alblandschaft mit zwei Tannen, Aquarell
Seiten 10/11:	Getreidefelder und Garben, Aquarell
Seite 12:	Beerenhalden bei L. Aquarell
Seite 13:	Hainbuchengruppe, Aquarell
Seite 14:	Frau am Ährenfeld, Oel auf Pappe
Seite 16:	Bauernhandel
Seite 17:	Schafe im Pferch, Radierung
Seite 18:	Alte Bäuerin mit Kopftuch, Kreidezeichnung
Seiten 20-22:	Gäste im „Lamm" in Berghülen, Tuschezeichnungen
Seite 23:	Heidestück, Aquarell
Seite 24:	Großmutter und Enkelin, Aquarell
Seite 27	Alter Handwerker, Bleistiftzeichnung
Seite 28:	Altheim, Öl auf Leinwand
Seite 29:	Dorfmitte, Bleistiftskizze
Seite 30:	Wettinger Kirche, Bleistiftskizze
Seite 31:	Feldweg ins Sommerösch mit Tiefental
Seite 32:	Dorfende, Öl auf Leinwand
Seite 33:	Grabkreuze aus Zainingen (B.B.)
Seiten 34/35:	Zwei „Ellenmeß" (Heimatmuseum Langenau)
	Das württembergische Wappen nach einer Ofenplatte,
	Zeichnungen (B.B.)
Seite 36:	Motive von „gemalten Kasten" aus Suppingen,
	Zeichnungen (B.B.)
Seite 38:	Mädchen vom Ulmer Land in Tracht, Aquarell
Seite 39:	Mann mit Weberkäpple, Zeichnung
	Bauern mit Blauhemd und Stiefeln, Radierung
Seite 41:	Am Morgen, Aquarell
Seite 42:	Zwei Schwestern im Arbeitskleid, Zeichnung
Seite 43:	Alte Botenfrau, Zeichnung
Seite 45:	Junge Frau, Zeichnung
Seite 49:	Landmädchen mit Äpfeln, Aquarell
Seite 50:	Fröhliche Küchenhilfe, Ölbild
Seite 52:	Bauerngesicht, Zeichnung
Seite 53:	Männliche Winterbekleidung, Zeichnung
Seite 54:	Dorf auf der hohen Alb, Aquarell
Seite 55:	Ziegelhütte, Zeichnungsausschnitt
Seite 57:	Alte Bäuerin im Obstgarten, Aquarell
Seite 58:	Junges Bauernmädchen, Zeichnung
Seite 63:	Buchenwald auf der Alb, Ölbild
Seite 64:	Der Mäher wetzt seine Sense, Radierung
Seite 65:	Waldweg, Bleistiftzeichnung
Seiten 68/69:	Dorf auf der Flächenalb, Aquarell
Seite 71:	Liebespaar, Zeichnung
Seite 73:	Liebespaar im Rosenhag, Ölbild
Seite 75:	„Hottegaule omgfalle", das Pferdchen fiel um! Zeichnung
Seite 77:	Daniel Mangold zum Gedächtnis, Zeichnung
Seite 78:	Heimweh, Aquarell